KB207159

하루, 한 권 책 읽기
미라클
독서법

하루, 한 권 책 읽기 **미라클독서법**

초판 1쇄 발행 2018년 09월 15일

글쓴이 이남희

펴낸이 김왕기
주간 맹한승
편집부 원선화, 이민형, 김한솔
디자인 푸른영토 디자인실

펴낸곳 **(주)푸른영토**
주소 경기도 고양시 일산동구 장항동 865 코오롱레이크폴리스1차 A동 908호
전화 (대표)031—925—2327, 070—7477—0386~9
팩스 031—925—2328
등록번호 제2005—24호(2005년 4월 15일)
홈페이지 www.blueterritory.com
전자우편 designkwk@me.com

ISBN 979-11-88292-69-1 13320

하루, 한 권 책 읽기

미라클 독서법

이남희 지음

푸른영토

추천사

삶 속에서 독서는 많은 것을 가져다주고 또 많은 변화를 만들어낸다. 과거에는 지식과 정보의 습득이 독서의 주된 목적이었다면, 스마트폰과 인공지능이 지배하는 현대사회에서는 감성을 풍요롭게 하고 또 날카로운 영감과 직관을 만들어주는 비중이 점점 높아가고 있다.

한의과대학 교수이자 이미 여러 편의 단행본을 내본 경력이 있는 추천인 또한 나름 독서 마니아이다. 중고등학교 시절 문학전집을 통독했었고, 대학교, 대학원 바쁜 시절에도 전공서적을 제외하고도 연평균 4~50권씩은 주파하면서 꼭 북리뷰를 기록하는 습관이 있었다. 이것이 추후 책 저자라는 인생의 버킷리스트를 실현하는 원동력이 되지 않았나 하는 생각도 든다.

최근에는 이러한 습관을 좀 더 체계적일 수 있게 만들어주는 독서모임을 정기적으로 가지면서 경청하고 토의하고 또 실제에 적용하는 생활 속의 넛지nudge가 많은 도움이 되고 있다. 그리고 그 독서모임에서 우연히 이남희 작가님의 '미라클독서법'을 만나게 되었다.

처음에는 '우뇌독서혁명'이라는 새로운 개념에 대한 호기심에 이끌려 특강을 접하게 되었는데, 트레이닝과정이 매우 체계적이고 단계별로 잘 구성되어 있다는 느낌이 들었다. 다른 건 몰라도 적어도 안구운동만 꾸준히 한다고 하더라도 노안 예방에는 도움이 될 것이다. 이미 좌뇌형 지식정보 습득 독서법에는 이골이 난 입장에서 무언가 독서의 새로운 돌파구를 마련하는 계기가 될 것이라는 판단이 섰으며 한 치의 망설임도 없이 정규 트레이닝과정을 신청하였다.

트레이닝을 진행하면서 한줄 찍기 연습이 시작되었다. 일반적 독서법에서는 글자를 문자로 인식하여 좌에서 우로 읽어가는 것이 너무도 당연했는데, 미라클독서법의 기본은 한줄을 이미지로 인식하고 통째로 심상화하여 찍는 것이었다. 처음에는 중간의 문장들만 인식이 되고 좌우에 있는 글자들은 잘 들어오지 않았기에 과연 이렇게 하면 독서가 될 것인가 하는 의구심이 머리를 맴돌았다. 하지만 3초 호흡법, 시폭 확장 훈련, 왼쪽 눈으로 거꾸로 책읽기 등을 진행하면서 어느 순간 한줄 찍기에서 좌우 시폭의 글자들까지 한 번에 훅 들어오기 시작했다. 마치 심봉사가 번쩍 눈을 뜨듯이 좌우 시폭이 갑자기 확 늘어난 것이었다. 뿐만 아니라 거꾸로 책읽기를 처음 시작했을 때는 말 그대로 외계인 언어처럼 보였는데 훈련이 지속되자 글자들이 입체화

되면서 살아 움직이고 또 뜻이 저절로 들어오는 신비로운 체험을 하게 되었다. 미라클독서법에서 말하는 표현대로라면 제대로 우뇌가 활성화된 것이었다.

훈련을 통해 처음은 한줄 찍기, 그다음은 두줄, 세줄, 심지어는 한 페이지 찍기로 발전시켜주는 것이 바로 미라클독서법이다. 이는 비단 책의 지식과 정보를 효율적으로 습득하게 해줄 뿐만 아니라 우뇌를 자극하여 감성과 창의성을 이끌어내는 쌍끌이 방식의 현대사회에 최적화된 4차산업혁명 독서법이라 할 수 있다. 책을 읽을 때 눈이 피로하지 않음은 덤으로 얻은 소중한 선물이다.

독서란 무엇인가? 바로 우리 인생의 긍정적 변화를 이끄는 셰르파 Sherpa, 히말라야 등정 등산가이드이다. 다양한 세상과 소통하고 또 스스로의 무한한 가능성을 현실화하는 삶의 지렛대이다.

미라클독서법은 한정된 시간 내에 속독을 가능케 해주고 또 이해 영역을 이성뿐만이 아닌 감성까지 확장시켜주는 멋진 좌우뇌 통합 독서기술이다. 이 책이 많은 기성의 독서 애호가들과 미래를 살아갈 차세대들에게 독서의 새로운 지평을 열어주는 지침서가 될 것임을 확신하며 적극 추천하는 바이다.

2018년 6월초

유화승(대전대학교 둔산한방병원 동서암센터 교수

《미국으로 간 허준》 저자)

미라클독서로 인생의 판을 바꿔라

한 권은 많고 천 권은 적다.

일단 한 권의 책을 읽어야만 다시 다른 책도 읽을 수 있다. 세상에는 책을 읽어야겠다고 '생각'만 하는 사람과 책을 직접 '읽는' 두 종류의 사람이 있다. 책을 읽어야겠다고 생각만 하는 사람에게 한 권의 책은 너무나 많다. 그러나 책을 직접 읽기 시작한 사람에게는 천 권의 책도 부족함이 느껴진다. 책을 읽어가는 과정에서 생각이 바뀌고 뇌가 바뀌어 인생의 판이 통째로 바뀌는 경험을 하기 때문이다. 이 책을 쓰기 전에는 누구나 독서에 관심이 많고, 독서를 하고 싶어 한다고 생각했다. 그런데 정작 주변을 살펴보니, 책을 읽어야겠다고 생각은 하면서도, 바쁜 일상 속에서 독서가 뒷전으로 밀리는 경우가 많음을 알게 되었다. 여러 가지 핑계와 이유들로 인해 정작 마음껏 독서할 시간을 확보하지 못하는 것이다. 그런 당신이 지금 당장 책을 읽어야만 하는 이유가 있다. 책을 읽어야 당신의 생각이 새롭게 바뀌고 뇌가 바뀌어 결국 인생의 판이 통째로 바뀌기 때문이다.

생계를 위해 쌀찐빵 체인점을 운영하던 아줌마인 내가 어느날 갑자기 리더십 강사가 되었다. 강사라는 직업은 인정도 받고 높은 자부심도 가질 수 있었지만, 늘 강의가 있는 건 아니어서 안정된 생계를 유지하기가 힘들었다. 들쑥날쑥한 강의로 속이 타들어가던 2017년 봄부터 나는 하루에 한 권의 책을 읽기 시작했다. 3년 1,000권 프로젝트를 혼자서 도전하여 '오늘만 한 권' 독서를 실행하고 블로그에 북리뷰를 기록해 나갔다.

이전에도 강의를 준비하면서 책을 읽기는 하였지만 시간이 날 때마다 읽다보니, 독서량은 한달에 1~2권 정도에 그쳤다. 그러던 내가 하루에 1권의 책을 읽으려니 고생이 이만저만이 아니었다. '오늘만 한 권' 독서전략을 세우고 매일 아침 5시부터 8시까지 독서시간을 확보했다. 아침의 3시간은 누구의 방해도 받지 않는 시간대이고, 뇌가 가장 활성화되어 있어 최적의 상태로 집중독서가 가능했다. 하루에 한 권의 독서를 하기 위해 그동안 취미로 10년 이상 해오던 댄스스포츠를 포기하기에 이르렀다. 결국 '원씽'으로 '독서'만 남겼다.

"남의 책을 많이 읽어라. 남이 고생하여 얻은 지식을 아주 쉽게 내 것으로 만들 수 있고, 그것으로 자기발전을 이룰 수 있다."

—소크라테스

고대 그리스의 유명한 철학자인 소크라테스의 말이다. 시공간의 초월성! 책을 읽으면서 시공간을 초월하여 그 어떤 스승이나 친구를 만날 수 있고, 위대한 거인들에게 배울 수 있다. 또한 그들의 DNA와 동질화되는 것, 이것이 신비로운 책의 또 다른 마력이다.

책을 읽는 것은 진정 삶의 특권이다. 무엇보다도 인생의 판이 통째로 바뀐다. 한 권의 책을 읽은 사람과 천 권, 만 권의 책이 피 속에 흐르는 사람의 인생이 똑같을 수는 없다. 자신도 모르게 비약적으로 확장된 의식과 통찰력으로 새로운 세상을 경험하게 된다.

"독서란 수천의 문장 사이에서 나를 성장시킬 단 한 문장을 찾는 과정이다!"

—《1만권 독서법》 중에서

여러분도 지금 당장 책부터 읽어라! 단 하나, 원씽으로 '독서'를 남겨라. 독서를 삶의 최우선 순위에 놓으면 불필요하게 시간을 소비하던 많은 일들이 정리가 된다. 매일 독서시간을 확보하고 독서 뇌신경을 만들 수 있다. 쌀찐빵집을 운영하던 아줌마가 강사가 되어 불안전한 생계를 유지하던 내가, 매일 한 권의 책을 읽었을 뿐인데, 인생의 판이 통째로 바뀌었다. 대전대 평생교육원 '미라클독서아카데미' 주임교수가 되었고, 매월 미라클독서법 공개강좌를 열고 있으며, 시교

육청 교육감지정 평생학습관지원사업에서 '미라클독서법' 강의를 하게 되었다. 현재는 미라클독서법 수업도 매주 5번 이상, 야간반까지 운영하고 있다. 미라클독서법의 10%를 빈첸시오회에 후원하는 작은 나눔도 가능하게 되었다. 이 모든 것이 '오늘만 한 권'을 날마다 실행하고 기록한 결과이다. '혁신이 주는 달콤한 고통'은 짜릿한 중독성이 있다. 독서가 주는 달콤한 고통의 맛은 어떤 맛일까 궁금하지 않은가!

그 하룻밤, 그 책 한 권, 그 한 줄로 혁명이 가능해질지도 모른다.

—니체

현재 나에게 책은 존재 그 자체다.

독서를 하고 있으면 내 마음속 어딘 듯 한편에 뜨거운 강물이 흐른다. 하루를 시작하는 맨처음에 한 권을 먹어치워야 비로소 글자들이 소화되어 심장에서 피 대신 퍼져나감을 느낀다. 미라클독서법으로 세상 사람들과 독서의 행복을 나누는 것이 내가 이 세상에 태어난 사명이고 존재이유라 생각한다. 만 권의 책이 온몸에 흐를 때까지, 나는 '오늘만 한 권'을 실행하겠다!

"당신이 할 수 있다고 생각하건, 할 수 없다고 생각하건,

당신의 생각은 항상 옳습니다."

—헨리포드

미라클
독서법
차례

PART 2 독서가 주는 달콤한 혁명

PART 3 한 자씩 읽지 않고 한줄씩 통으로 보기

PART 4 실전! 미라클독서법

PART 5 독서는 미라클이다

PART 1

인생의 판을 바꾸는 가장 강력한 방법, 독서

당신이 독서를 시작해야만 하는 이유

"남의 책을 많이 읽어라. 남이 고생하여 얻은 지식을
아주 쉽게 내 것으로 만들 수 있고, 그것으로 자기발전을 이룰 수 있다."

—소크라테스

고대 그리스 철학을 이끌었던 대사상가 소크라테스의 위 말은 나에게 큰 울림을 준 메시지이다. 독서가 낳은 시공간의 초월성! 책을 읽으면 시공간을 초월하여 그 어떤 스승이나 친구를 만날 수 있고, 위대한 거인들에게서도 배울 수 있다. 또한 그들의 DNA와 동질화되는 것, 이것이 신비로운 책의 또 다른 마력이다. 나는 '하루에 한 권' 독서를 시작한 후 날마다 블로그에 '본깨적'으로 북리뷰를 기록하고 있다. '본깨적'은 독서를 마친 후에 본문 내용본 것, 깨달은 것, 적용할 것 순으로 독서 내용을 정리하는 방법이다. 나에게 있어 진정한 미라클의 시작은 북리뷰의 축적된 힘이다. 기록이 쌓일수록 크고 작은 깨달음과 삶에 적용하여 실천하는 것들이 늘어나면서 자연스레 삶의 변화로까지 이어지고 있다.

어린 시절, 정확히 초등학교 3학년 ~ 5학년 때까지 꾸준히 책을 읽은 적이 있다. 그때 나는 3년간 같은 담임선생님에게서 가르침을 받았다. 당시 선생님은 교실에 분홍색 독서카드를 비치하고 독서 후 빈칸에 줄거리를 작성하게 하였다. 책제목, 저자, 출판사, 줄거리 등 간단한 서지정보 항목이었던 것으로 기억난다. 그 당시 도서관 사서였던 나는 독서카드를 작성하기 시작했고, 나중에는 리스트의 빈칸을 채워가는 재미가 솔솔 붙었다. 어쩌면 그때부터 독서습관과 기록 연습을 미리 한 것은 아닐까.

매일 책을 읽고 꾸준히 기록하다 보니, 1년 후에는 400권이 넘는 두툼한 독서리스트를 기록할 수 있었다. 클립으로 한 장 한 장 추가하는 동안 제법 종이가 두툼해지고 내 마음도 뿌듯해졌다. 그렇게 3년간 지속해서 1년에 400권 이상의 책을 읽었다. 그러고 나서 중고등학교 때에는 체계적으로 독서를 지도해주는 선생님을 만나지 못해 꾸준한 독서를 하지는 못했다. 학교에서 양서라고 추천한 리스트 중 겨우 일부만을 읽었을 뿐이다. 성인이 되고 나서 조금씩 책을 읽기는 하였지만, 읽고 싶을 때마다 읽다보니 한 달에 독서량은 1~2권 정도에 그쳤다.

마흔이 넘어 공부를 시작하고 강의를 하면서 더욱 독서의 필요성을 느꼈다. 문제는 늘 시간이 관건이었다. 마음과 달리 강의교안을 만들다 보면 독서는 뒤로 밀리는 경우가 허다했다. 어느 날, 강의교안을 만들며 필요할 때마다 시간에 쫓겨 허겁지겁 읽던 책을, 하루에 한 권씩 읽기로 결심하였다. 결심의 계기는 역시 한 권의 책이었다. 김병완의《48분 기적의 독서법》이란 책을 읽었는데, 한마디로 심장이 끓어오르는 느낌이었다. 아래의 글은 필자의 심장을 끓어오르게 하여 결국 '오늘만 한 권'을 도전하게 자극한 책 내용 중 일부이다.

"훌륭한 도자기가 아닌 평범한 질그릇을 만들 때에는 가마가 필요 없다. 왜냐하면 500도에서 800도 정도의 온도면 충분하기 때문이다. 그러나 최상품의 그릇을 만들려면 반드시 가마가 있어야 한다. 1,000도 이상의 온도가 필요하기 때문이다. 1,250도의 온도에서 그릇이 구워질 때에는 800도에서 구워질 때와 다른 놀라운 현상이 나타난다. 흙의 밀도가 비약적으로 높아진다는 점이다. 흙의 밀도가 높아짐으로써 흙 속에 숨겨져 있던 유기질이 녹아서 밖으로 흘러나오는 것이다. 덕분에 내구성이 뛰어난 것은 물론 금속과 같은 맑은 음을 내는 고급 도자기가 되는 것이다."

—《48분 기적의 독서법》 중에서

기록이 쌓이기 시작하면서 나에게도 서서히 변화가 나타났다.

우선은 강의를 할 때, 입에서 나오는 어휘들이 긴밀하게 연결되고 통섭되기 시작했다. '점 하나'가 현재 나의 앎의 크기라면 점 밖은 미지의 영역이 된다. 점의 크기가 점점 커져서 나의 앎의 영역이 커질수록 점과 닿는 미지의 영역 또한 점점 커진다. 세상에는 정말 평생을 배워도 다 배우지 못할 만큼 모르는 것이 많지만, 앎의 크기가 커질수

록 세상을 보는 눈 또한 확장되고 전체를 보는 통찰력도 생긴다. 내가 모른다는 것을 안다는 것은 배우는 기쁨을 동반하므로 참으로 가슴 떨리는 기대임에 틀림없다.

독서를 지속하면서 신념 또한 강해져서, 사소한 자극들에도 흔들림 없이 나의 방향성을 유지할 수 있게 되었다. 힘든 상황이나 부정적인 상황에서도 해결책을 쉽게 찾고, 불평할 상황에서도 즉시 또는 빠른 시간 내에 회복함을 느꼈다. 적절한 상황에 맞는 울림 있는 글들이 생명력을 갖고 나에게 위로와 힘을 주고는 했다.

예를 들면 지치고 의기소침했을 때 "이 세상에서 가장 쓸 만한 건 바로 나야."라는 글이 다가와 따뜻하게 위로와 격려를 해준다. 사랑하는 사람과의 관계가 갑자기 소홀해지고 무심한 듯 여겨져 속이 상할 때에는 "가슴이 덜 뛰어서 나를 돌아볼 수 있고 나를 성장시킬 수 있는 여유가 생겼어요. 덕분에 그도 성장시키고 나도 성장시키고 내 아이들도 성장시키면서 살아가고 있어요."김미경의 《인생미답》 중에서와 같은 문장이 심란한 내 마음을 진정시키고 편안하게 해주었다.

이처럼 책은, 적절할 때 적절한 울림으로 내가 미처 생각하지 못한 것을 깨닫게 하고 상황을 객관적으로 보게 만들었다. 그리고 내가 여전히 쓸 만한 사람임을 자각하게 해주었고, 흔들릴지언정 오늘을 꾸준하게 살아갈 힘을 주기도 했다.

독서를 하면서 사람도 연결되었다. 나를 성장시킬 사람과 책이 연결되었다. 김형환 교수님의 《죽어도 사장님이 되어라》를 읽고 '1인 기업 CEO 실전경영전략과정'을 수강하게 되면서 나는 '독서 사명서'와 '비전 경영문'을 완성했다. 이 두 개의 선언문은 내 삶의 핵심가치와 사명을 찾게 해주며 〈미라클독서법〉의 비전을 갖게 한 씨앗이 되었다.

얼마 지나지 않아 내 인생은 터닝 포인트를 맞았다. 참을 수 없을 정도로 심장의 뜨거움이 지속되어 잠을 이룰 수 없었기 때문이다. 처음엔 책을 통해 교육과 사람이 연결되었고, 이어서 미라클독서법 공개강좌를 시작한 것이 결국 내 인생의 판이 바뀌는 계기가 되었다.

그 후로 미라클독서법 시스템을 만들기까지 '독서'라는 공통 키워드 하나로 1인 기업 동기인 신경외과 신동선 선생님, 우뇌독서법의 김동하 선생님, 스타킹독서법의 정진화 선생님, 그리고 수많은 책 속의 스승들과의 인연이 이어졌다. 지금 생각하면 너무나 절묘한 연결이었다.

취미로 하던 독서를 하루에 한 권씩 했을 뿐인데, 이렇듯 내 인생은 통째로 판이 바뀌어 다른 삶을 살고 있다. 가장 큰 변화는 미라클독서연구소 대표로 〈미라클독서법〉을 운영하게 된 것이다. 드디어 꿈꾸던 나만의 브랜드가 생긴 것이다.

공개강좌를 듣기 위해 서울, 청주, 보은, 당진, 논산, 대구 등 외지에서 사람들이 찾아오고, 월 2회 독서모임을 운영하며 독서플랫폼을 만든 것, 신문에 독서칼럼을 쓰고 있는 현재의 모든 상황들이 나에겐 '미라클'이란 생각이 든다. 이렇듯 독서는 기적을 부르는 힘이 있다. 내가 그럴 의도가 없었을지라도 시나브로 내 생각과 의식이 바뀌고 뇌가 변하여 결국 나의 행동과 삶이 자연스레 바뀌기 때문이다. 또한 나와 비슷한 에너지를 가진 사람들이 한 마리 나비처럼 모여들어, 더 큰 독서 동력을 만들게 되었다. 요즘은 거의 매일 수강생들과 독서로 소통하는 시간을 갖고 있다. 이 또한 나에게 미라클이 삶에 적용된 모습이다.

앞으로 나의 꿈은 〈미라클독서법〉을 대한민국 모든 국민들에게 널리 알리는 것이다. 국민들 한 사람 한 사람이 독서를 할 때 한줄씩 통으로 척척 찍는 모습을 상상하면 저절로 심장이 쿵쾅거리고 뜨거워진다. 독서를 통해 삶의 의미와 가치를 찾고 자신은 물론 세상이 더욱 행복해지는 경험을 하게 될 것이다. 부족하지만 내가 이 책을 쓴 간절한 이유이기도 하다. 책을 읽고 싶은 사람들에게는 좋은 책을 더 많이 읽을 수 있도록 도와주고, 한 달에 책을 1~2권 읽는 사람들은 조금 더 읽도록 조력하고, 전혀 읽지 않는 사람들도 당장 독서를 시작하여 삶이 변화하고 행복하기를 진심으로 바라기 때문이다.

당신은 정말 맛있는 맛집을 알게 되면 어떻게 하는가?

나만 알고 마는 사람이 있고, 소중한 사람들과 유용한 정보를 나누는 사람도 있다. 나 또한 같은 이유로 인생의 판을 바꾸는 미라클독서법 시스템을 여러분과 공유하고 싶다.

식사 후 2잔에 만 원 정도의 커피 값은 망설임 없이 지불하면서, 당신의 인생을 바꿀 또는 당신의 생각과 삶에 큰 영향력을 미칠 책을 사는데 어찌 지갑을 열지 않을 수 있겠는가?

감히 말씀드린다. 매월 책값에 투자하시라! 반드시 그 돈 이상의 가치가 여러분에게 되돌아올 것임을 확신한다. 우리는 필요한 곳에 시간과 돈과 에너지를 사용하고 있다. 책이라는 도구가 삶에 미치는 영향을 결코 가벼이 여기지 말아야 한다. 당신이 독서를 해야 하는 이유는 무엇인가?

날마다 스스로에게 하나의 질문을 던져라. 그리고 세 개씩 답해보라. 당신이 질문을 던지면 뇌는 어떤 식으로든 답을 찾아내려 할 것이다. 최고의 질문은 최고의 답을 만든다. 날마다 1Day 1Question과 하루 한 권의 책을 읽고 내 삶이 바뀌었듯이, 여러분 삶의 판도 통째로 바뀌기를 진심으로 희망한다!

참고로 당신이 독서를 꾸준히 하면 당신에게는 다음과 같은 변화가 저절로 생긴다.

첫째, 생각이 긍정적으로 바뀌고 행복도가 높아진다.

둘째, 과거가 아닌 현재를 살며 더는 시간을 헛되이 보내지 않는다.

셋째, 번뜩이는 아이디어나 통찰력이 연결되어 지혜롭게 살아간다.

넷째, 마음의 시야가 넓어지고 실제로도 세상을 보는 안목이 확장된다.

다섯째, 새로운 기회와 사람이 연결되어 사회적 관계가 향상된다.

여섯째, 내가 변하고 뇌가 달라져 공존과 공생의 삶으로 바뀐다.

일곱째, 경제적으로 풍요로워지고 결국 인생의 판이 통째로 바뀐다.

1Day
1Question

오늘 당신이 독서를 하는 이유는 무엇인가?
1. 지식이나 정보가 아니라 변화다.
2. 얼굴이 아니라 뇌美인이다.
3. 지식변비가 아니라 나눔이다.

독서로 준비가 기회를 만났을 때

"앞머리가 무성한 이유는 사람들이 나를 보았을 때
쉽게 붙잡을 수 있게 하기 위함이고, 뒷머리가 대머리인 이유는,
내가 지나가면 사람들이 다시는 붙잡지 못하도록 하기 위함이며,
발에 날개가 달린 이유는, 최대한 빨리 사라지기 위함이다.
내 이름은 카이로스, 바로 '기회'이다."

'제자가 준비되면 스승이 나타난다.'는 말이 있다. 그리스의 시라쿠사 거리에 있는 동상에 새겨진 '기회'에 관한 명언처럼, 준비가 된 사람에게만 기회도 찾아온다.

무언가를 배워야겠다고 마음을 먹거나 생각을 하면, 그것을 배우기 위한 스승이 반드시 나타난다. 나도 독서를 하거나 강의를 하면서 이러한 경험을 숱하게 했다.

뇌에 대해 공부를 하려고 마음을 먹으니 나덕렬 박사님이 연결되고, 강의에 대한 생각을 하면 주제에 맞는 책이나 아이디어가 단어나 영상으로 떠오르고는 하였다. 하루 한 권 독서를 할 때도 다음엔 무슨 책을 읽을까 고민할 필요가 없었다. 신기하게도 나에게 필요한 책이

책 속에서 저절로 연결되어 책 제목이 눈앞에 펼쳐지고는 하였다. 그러한 아이디어들을 날아가기 전에 잡아서, 습관적으로 적고 본능적으로 기록하게 되었다.

강의를 시작하기 전, 나는 4년 반 정도 찐빵집을 운영한 적이 있다.

여러 번 직업을 바꾸다 셋째 언니의 권유로 찐빵집을 운영하게 됐는데, 여름엔 찰옥수수를, 가을엔 정안밤을 팔았다. 과외를 하던 나에게 찐빵집은 육체적으로 너무 벅차고 힘들었다. 가게 장소가 공주 근교의 충남과학고등학교 맞은편이라 대전에서 출퇴근 시간이 많이 걸렸고, 찐빵솥이 너무나 무거워서 손가락이 휠 지경이었다. 찰옥수수도 50인분짜리 압력솥에 대나무 죽순처럼 줄줄이 세워서 쪘는데, 쉴 틈이 없이 뛰어다녔다. 손님이 옥수수를 찾을 때 없으면 팔 수가 없으니, 최대한 빠르게 껍질을 벗기고, 찌고, 포장하고를 반복할 수밖에 없었다. 무더운 여름을 투정할 틈도 없이, 배고픔을 느낄 새도 없이 견뎌낸, 지금 와서 생각해도 울컥해지는 고달픈 시간이었다.

그러던 어느 날 평생교육원에 계시는 손님 중 한 분이 나에게 강의를 하면 잘 어울릴 것 같다는 말씀을 하였다. 내가 서 있는 자세가 바르고, 목소리와 발음이 정확하다고 하였다. 찐빵을 파는 사람에게 그 말은 참으로 어이없는 말이라 생각해 곧 잊어버렸다. 그 손님은 아주 가끔씩 가게에 들릴 때마다 같은 말씀을 반복하곤 했다. “강의를 하면 참 잘 어울릴 것 같아요.” 그런데 동아일보에 계시는 또 다른 손님과 공주사대부고 선생님들과 지인들이 공교롭게도 가게에 와서는 필자에게 비슷한 말을 하였다.

하루는 밤새 잠을 이룰 수가 없었다. '강의를 하려면 어떻게 해야 하지?' 그렇게 들었던 말씨들이 가슴에서 생명력을 품고 싹이 나기 시작하였다. 말이 씨가 된다더니, 결국 나는 찐빵집 문을 닫고 강사가 되었다.

홀로 강사가 된 후 나의 생계는 막막하였다. 처음엔 독서하고 공부하고 강의교안 만드는 것이 하루 일과의 대부분이었다. 차츰 서울과 대전을 오가며 전문가들이 운영하는 과정들을 수강하고, 내 것으로 소화하여 재창조하는 과정들을 반복하였다. CS와 리더십, 소통, 행복 등의 강의를 준비하면서, 날마다 조금씩이라도 꾸준히 책을 읽으며 차곡차곡 실력을 쌓아나갔다.

그러던 어느 날 YWCA에서 2시간짜리 강의가 들어왔다. 지금도 잊혀지지가 않는다.

첫 강의 제안을 받고 강의장에 가 열심히 수강생들에게 CS 강의를 하는데, 맨 앞에 직원이 앉아 2시간 내내 청강을 했다. 차라리 감시에 가깝게 내 강의력이 어떤지 평가한다는 걸 느낄 수 있었다. 부담은 되었지만 내색하지 않고 열정을 다해서 강의를 해냈다. 최선을 다한 열강이었기에 이만하면 잘했다고 스스로를 다독이고 있었다. 그런데 강의를 마치고나자 관장님은 8번의 강의를 더 해 달라고 하였다. 얼마나 기뻤던지! 알고 보니 서울에서 오기로 한 강사가 펑크 낸 강의를 대타로 하게 된 것. 잠깐 황당함이 스쳤지만 '강의할 무대를 얻을 기회다'라고 생각했다. 그 후로도 직원들의 평가 속에 하는 강의가 몇 번 더 반복되었다. 하지만 내게는 직원을 앞에 두고 강의하는 것이 오히려 기회였다. 내가 땀 흘려 준비한 교안들과 강의응집력 등을 현장에서 함께 체험할 수 있기 때문이다. 지나고보니 그들은 모두 나를 키운 스승이었다.

《장자》에 "음악 소리가 텅 빈 구멍에서 흘러나온다."는 글이 있다. 악기나 종의 소리는 그 속이 비어 있기 때문에 공명이 이루어져 우리 귀에 좋은 소리로 들리게 된다는 것이다.

사람의 마음이 공명통이듯, 책에도 공명통이 있음을 알 수 있다. 한 권의 책을 읽고 북리뷰를 쓰고, 눈을 감으면 내 안에서 잔잔한 공명이 일어난다. 독서 후 산책하면서 텅 빈 마음으로 걸을 때에도 행복한 공명이 일어난다. 나의 세포들과 대화할 준비를 끝낸 글씨들이 살아서, 내 핏속을 흐르며 필요한 공명을 일으킨다. 행복은 행복의 주소에서, 소망은 소망의 부위에서, 감사는 감사의 느낌으로 자신의 의미에 맞게 공명을 일으킨다. 독서를 통해 저마다 자신의 공명통을 다스려 나가면 자아의 휘둘림에서 보다 더 자유로워질 수 있다.

자아는 참으로 가혹하고 잔인한 존재다.

자아는 만족을 모르고 더 많은 것, 더 좋은 것,
더 높은 것을 획득하라고 우리를 몰아세운다.
더 많은 재물과 돈, 더 좋은 성취와 업적,
더 높은 지위 등을 좇으라고 우리를 압박한다.
자아는 언제나 타인의 인정과 칭찬을 목말라한다.
자아는 나와 남을 구분하고, 나를 다른 사람들과
끊임없이 비교하게 만들면서, 나를 초라하게 만들고,
다른 사람들을 시기하게 만든다.
한마디로 자아가 원하는 삶을 사는 한
우리 안에는 충만한 자유로움도, 보람도 없다.
그런데 안타깝게도 대다수의 사람들이
자아의 욕망을 채워 주다가
허망하게 생을 마친다.
—《비참과 자비의 만남》 중에서

많은 사람들이 자아에게 휘둘리는 삶을 살 듯, 나 또한 안타깝게도 진이 빠질 정도로 지쳐서 산 적이 있었다. 늘 상대와 비교하고 짜릿할 정도로 인정을 갈망하는 삶은 그야말로 만족할 줄을 몰랐다. 아무리 노력해도 늘 몇 %가 부족했다. 그러던 내가 독서를 하다가 《쿠션》이란 책을 만났다. "인간의 몸이 직접 접촉하는 모든 부분에 탄력과 복원력이 필요하다."는 말에서, 정신이 번쩍 들었다. 몸을 편안하게 해주는 '쿠션'처럼 나의 삶에도 '마음쿠션'이 필요하다는 깨달음이었다. 어떠한 자극에서든 내 생각을 선택하는 것이 자유의 핵심이다. 독립적으로 반응을 선택하는 힘을 갖게 되면, 이는 자신의 인생에 책임을 지는 진정 자유로운 삶이라 할 수 있다.

내 생각을 선택하는 자유로운 삶을 위해서 나는 매일 독서로 앎의 원을 키우고, 호흡을 통해 마음의 공명통을 다스리고 있다. 천천히 걸으며 텅 빈 공간을 바라보며 마음의 쿠션을 키우고 있다. '오늘만 한 권' 독서로 책 속의 아름다운 정원을 맘껏 걸으며, 유한한 시간을 더욱 가치 있게 쓸 수 있음에 감사한다.

삶은 독서하는 사람에게 어떤 식으로든 반드시 대답해 준다. 나는 독서를 하면서 '미라클독서법'을 통해 세상과 나눌 수 있는 방법을 알게 되었다. 나는 그것을 살아 있는 동안 나누는 것이 나의 사명이라고 확신한다. 찐빵집 아줌마인 내가 '1Day 1Book' 독서 준비를 통해 '미라클독서법'이란 기회를 만났듯이, 여러분도 독서로써 또 다른 인생의 기회를 만나시길 기도드린다!

1Day 1Question

나는 지금 여기에서, 준비를 기회로 만들기 위해 어떤 실행을 하고 있는가?

1. 하루에 한 권 독서로 마음쿠션 만들기
2. 자연 안에서 천천히 걸으며 충전하기
3. 매일 20분 멈추는 침묵의 시간, 내면의 소리에 귀 기울이기

나를 행복하게 만든 책

《하루 1%》, 이민규 지음, 끌리는 책

변화와 자기혁신의 지렛대 15

자기규정— 자기 자신을 새롭게 규정하라!

이유 찾기— 변화할 수밖에 없는 이유를 찾아내라!

인생목표— 장기적인 관점에서 로드맵을 그려보라!

목적의식— 목표에서 생각의 끈을 놓지 말라!

역산계획— 미래를 기점으로 현재를 선택하라!

파생효과— 도미노처럼 이어지는 파생효과를 찾아보라!

목표분할— 잘게 쪼개서 작게 시작하라!

즉시 실천— 결심했으면 즉시 실행하라!

실험정신— 실패를 각오하고, 실험정신으로 도전하라!

백업플랜— 돌발상황을 예상하고, 플랜 B를 마련하라!

상황통제— 의지력을 시험하지 말고, 상황의 힘을 역이용하라!

공개선언— 은밀하게 결심하지 말고, 공개적으로 선언하라!

데드라인— 마감 시한을 앞당겨 데드라인을 재설정하라!

한계돌파— 임계점을 가정하고 한계돌파를 시도하라!

자기 격려— 미래로 미리 가서, 현재의 자신을 격려하라!

《왓칭》, 김상운 지음, 정신세계사

내 마음을 비춰주는 거울은 내 안에 들어 있다.

내 마음속의 관찰자가 바로 그 거울이다.

단지 왓칭은 바라보는 만큼만 일어난다.

깊이 바라보면 깊이 일어나고,

얕게 바라보면 얕게 일어난다.

나라는 한정된 공간에 매이지 않고,

우주라는 무한한 가능성의 공간으로 확장하라.

《쿠션》, 조신영 지음, 비전과 리더십

"내 마음의 깊이는 다른 사람이 던지는 말을 통해 알 수 있습니다.

내 마음이 깊으면 그 말이 들어오는 데 시간이 오래 걸립니다.

그리고 깊은 울림과 여운이 있습니다.

누군가의 말 한마디에 흥분하고 흔들린다면 아직도 내 마음이 얕기 때문입니다.

깊고 풍성한 마음의 우물은 사람들을 모으고 갈증을 해소시키며 새 기운을 얻게 합니다."

마음의 쿠션을 키우면 자유로워진다!

'마음의 쿠션을 키우는 지혜'

자극과 반응 그 틈새에는

새로운 가능성의 공간이 있다.

《핑크 펭귄》, 빌비숍 지음, 스노우폭스북스

"현재 방 안의 온도는 22℃이다.
잠시 후 누군가 들어와 온도를 22.5℃로 올려 놓았다.
하지만 누구도 0.5℃의 온도 변화를 느끼지 못한다.
충분히 달라지지 않았으니까!
만약, 온도를 38℃로 올려 놓으면 어떻게 될까?
사람들은 땀을 흘리며 스웨터를 벗고 이렇게 말할 것이다.
"누가 온도를 이렇게나 올려 놨어? 완전히 찜통을 만들어 놨네."

《신념의 마력》, 클로드 브리스톨 지음, 비즈니스북스

'그것이 무엇이든 자신이 마음속에 간직한 것을 실현시킬 수 있다.'는 말을 항상 기억하라!
건강이든, 경제적인 부든, 행복이든 원하는 것에 대해
마음의 그림을 그리고 늘 되새기면 그 그림대로 실현된다.

"세상에 절대적으로 좋거나 나쁜 것은 없다. 다만 우리의 생각이 그렇게 만들 뿐이다."
—셰익스피어

《1만 시간의 재발견》, 안데르스 에릭슨, 로버트 풀 지음, 비즈니스북스

특정 영역에서 기술을 발전시키고자 하는 사람이라면
누구든 매일 1시간 이상을 완전히 집중해서
하는 연습에 투자해야 한다.

《창가의 토토》, 구로야나기 데츠코 지음, 프로메테우스

어쩌면 세상에서 진실로 두려워해야 하는 것은
눈이 있어도 아름다운 걸 볼 줄 모르고,
귀가 있어도 음악을 듣지 않고,
또 마음이 있어도 참된 것을 이해하지 못하고 감동하지도 못하며
더구나 가슴 속의 열정을 불사르지도 못하는 그런 사람들이 아닐까…….
(고바야시)

《나비의 꿈》, 박성혁 지음, 쌤앤파커스

능력 있는 자가 할 수 있는 것이 아니라
하려는 자에게 능력이 생긴다.

애벌레는 물었다.
"어떻게 하면 나비가 되죠?"
"날기를 간절히 원하면 돼.
하나의 애벌레로 사는 것을 기꺼이 포기할 만큼 간절하게."
"그럼, 죽어야 한다는 뜻인가요?"
"음, 그렇기도 하고 아니기도 하지.
겉모습은 죽은 듯이 보여도 참모습은 여전히 살아 있단다.
삶의 모습은 바뀌지만,
목숨이 없어지는 것은 아니야.
나비가 되어 보지도 못하고 죽는 애벌레들하고는 다르단다."
—트리나 포올러스, 〈꽃들에게 희망을〉 중에서

《다산 선생 지식 경영법》, 정민 지음, 김영사

모르는 것을 하나씩 알아가고, 그 속에 깃든 이치를 따져 내 삶을 향상시켜 나가는 것, 이것이 바로 공부하는 보람이요 기쁨인 것이다. 하나하나 꼼꼼히 따져 중요한 것과 덜 중요한 것을 차례 짓고, 옳은 것과 그른 것을 변별하며, 먼저와 나중을 자리 매겨라. 무질서에서 질서를 찾는 것이 공부다. 내 삶이 송두리째 업그레이드되는 것이 공부다. 생룡활호처럼 펄펄 살아 날뛰는 그런 공부가 공부다.

《명견만리(윤리·기술·중국·교육)》, KBS 〈명견만리〉 제작팀 지음, 인플루엔셜

개방하라, 공유하라, 제품만 만들지 말고 플랫폼을 만들어라.
플랫폼(어떠한 계획이나 목적에 따라 사람들이 모이는 장)!
공유함으로써 생각지도 못했던 기회가 만들어진다.

《명견만리(정치·생애·직업·탐구)》, KBS 〈명견만리〉 제작팀 지음, 인플루엔셜

미래의 가장 중요한 키워드는 공존과 공생!
4차 산업혁명에서 거대한 파도를 헤쳐 나갈 힘은
물리적인 힘이 아니라 상상이라는 총알에,
도전이라는 방아쇠를 당겨,
혁신이라는 거대한 폭발을 일으키는 소프트파워일 것이다.

《명견만리(인구·경제·북한·의료)》, KBS 〈명견만리〉 제작팀 지음, 인플루엔셜

청년을 귀하게 여기고, 청년에 투자하는 것,
이것이야말로 우리 공동체의 미래를 위해 할 수 있는
가장 강력한 투자다.

독서는 선택이 아니라 행복필수조건

행복한 삶의 비결은
좋아하는 일을 하는 것이 아니라,
지금 하는 일을 좋아하는 것입니다.
—혜광 스님

당신은 지금 행복한가? 즉시 행복하다고 답할 수 있는 분들은 정말 다행이다.

대답을 잠시 지체한 분들에게도 해결 방법이 있으니 괜찮다.

《삼매경》이란 책에 독서와 스트레스에 관한 흥미로운 연구결과가 나온다. 영국 서섹스 대학 인지신경심리학과 데이비드 루이스 박사 팀은 스트레스 해소 방법에 따른 감소효과를 발표했는데 내용은 아래와 같다.

"음악을 감상할 때 61%, 커피를 마실 때 54%, 산책할 때 약 42%, 독서를 할 때는 단 6분 동안 책을 읽는 것만으로도 68% 감소되었다. 심장박동수도 감소하고, 근육이완 효과 또한 있었다."

작년 가을 완주상관리조트에 강의를 다녀온 적이 있다. 의정연수에서 2시간 강의를 했는데 시외이다 보니 대전에는 저녁에서야 도착했다. 약간의 두통이 있고 밥맛도 없어, 오늘은 책읽기를 쉬어야겠다고 생각했다. 그런데 산책하며 휴식을 취한 후 컨디션이 나아져, 결국 《어린왕자》를 읽게 되었다. 책을 읽는 동안 너무나 신기하게도 두통이 사라지는 것을 경험했다. 그 후 머리를 비워야 할 때는 느리게 걷거나 오히려 몰입하여 독서를 하고는 한다.

독서 예찬

"평생 동안 공부하는 것을 게을리하지 않는다면, 뇌세포를 건강하게 유지시켜 주고, 나아가 육체적인 건강 유지에도 그 영향을 미친다. 사람은 호기심이 없어지면서부터 늙는 것이다. 배우면 젊어질 뿐만 아니라 삶을 즐길 수도 있게 된다."

—미국의 경영학자, 피터 드러커

배움이 뇌세포를 건강하게 유지시켜주고 육체적인 건강에도 영향을 미치듯, 독서를 통한 두뇌활동도 전체적인 뇌의 건강과 인지능력에 큰 도움을 주고 있다.

당신이 오늘부터 매일 30분씩 독서를 실행한다면, 뇌세포가 건강해지고 육체적으로도 한결 더 젊어지게 된다. 그러나 평생 동안 독서하는 것을 게을리하면, 호기심이 사라지면서 결국 빨리 늙게 된다. 앞으로 10년 후에 당신은 독서하지 않은 것을 뼈저리게 후회할 것이다. 날마다 독서를 하면 뇌가 젊어질 뿐만 아니라 삶을 즐길 수도 있고 무엇보다도 삶이 행복해진다. 독서라는 작은 흔적들을 축적하면서 자연스레 행복이라는 기적을 만들 수 있다. 독서를 통한 사색의 과정은 빠르고 쉽게 정보를 검색하는 세상 속에서, 우리가 무게 중심을 내면으로 유지하도록 도와준다. 진정으로 나를 자각하며 사는 과정에서 우리가 반드시 기억해야 할 것이 있다. 우리가 선택한 것이 곧 우리 자신이 된다는 사실을!

우주의 계획은 언제나 우리가 상상할 수 있는 것보다 스케일이 훨씬 더 크다.

나는 정신적인 피조물로서, 나를 유일한 존재로 만들 수 있는 것은 나의 생각뿐이다. 이 세상에 당연한 것이 있을까? 이 세상에 당연한 것은 단 하나도 없다. 나의 생각을 외부의 자극에 따라 춤을 추는 꼭두각시로 방치하지 말고, 당당히 내 생각의 주인이 되어, 독서를 실행에 옮겨 보자.

현재 대구에서 매주 대전으로 훈련하러 오시는 미라클독서법 수강자가 있다. 미라클독서법 공개강좌와, 이후 3개월 기본과정을 마친 후 지금까지도 꾸준히 수강하고 있는 성실한 분이시다. 3월 16일 아침, 대구에서 김선생님이 톡을 보내왔다.

"교수님, 제가 오늘 한줄이 통으로 보여요! 너무 좋아요. 감사합니다. 열심히 할게요!"

그 후 선생님은 미라클독서법 전도사가 되어 주변의 많은 사업 파트너들에게 미라클독서법을 진심으로 소개해 주셨다. 매일 꾸준히 즐겁게 독서하다 보니 아침에 최상의 컨디션일 때는 두꺼운 책을 45분 만에 읽었다고 기뻐하신다. 시폭이 확대되어 훤하게 통으로 보인다고 기뻐하시고, 독서를 하며 인생이 너무나 행복하다고, 나를 만난 인연에 감사하다고 말씀하신다. 이러한 수강자들의 변화에 눈물이 핑 돌만큼 내가 더 감사하고 행복한 마음이 든다. 올해 1년 미라클독서법을 꾸준히 훈련할 계획이라는 김선생님이, 독서하며 더욱 행복하시길 바란다. 지면을 빌어 미라클독서법 모든 수강생에게 진심으로 감사의 마음을 전한다.

지금 당신이 행복하지 않다면, 더욱더 독서하는 사람을 흉내내 보라. 그러면 정말로 행복한 사람이 될 수 있다. 날마다 내면에 피어나는 잔잔한 기쁨을 맛볼 수 있고, 뇌세포가 건강해져 자연스레 심신이 두루 건강한 삶으로 변하게 되기 때문이다. 행복필수조건인 독서를 실행하기 위해 내가 애용하는 VAVA 전략을 권해 드린다.

1. VVisualization : 시각화는 선명한 마음의 그림으로, 한줄씩 통으로 보며 독서하는 장면을 시각화하는 것이다.

핵심은 선명도이다! 선명하게 시각화할수록, 자주 시각화할수록, 더 오래 시각화할수록 효과적이다. 독서하는 사진을 찍거나 출력하여 익숙한 공간에 붙여 두고, 강력하게 자극받을 수 있는 스위치를 만들면 좋다.

(미국 일리노이 대학의 실험의 예)

A그룹은 한 달간 슈팅 연습시킴.

B그룹은 한 달 동안 슈팅 연습 시키지 않음.

C그룹은 득점이나 향상을 상상하는, 이미지트레이닝만 시킴.

결과는, A그룹과 C그룹이 슈팅 득점률에서 25% 향상되었다. 그러므로 선명한 마음의 그림을 그리는 시각화를 자주, 특히 아침과 잠자기 직전에 하면 좋다.

2. AAffirm : 긍정문은 3P문장으로 강하게 자기암시를 하는 것이다.

"나는 날마다 모든 면에서 점점 더 좋아지고 있다."

—에밀쿠에

앞의 내용은 시각화와 함께 매일 아침 잠자기 직전과 잠에서 깨자마자 가장 먼저 나에게 들려주는 긍정문이다. 또한 모든 강의를 시작하거나 끝내기 전, 수강자들과 함께 큰 소리로 외치는 긍정문이다. 긍정문은 강하고 단호한 진술로, 내가 나에게 명령하듯 강하게 암시를 하는 것이다. 프랑스의 심리학자 에밀쿠에의 플라시보위약 효과 효과는 널리 알려져 있듯이, 가짜 약도 진짜라고 생각하고 먹으면 실제로 효과가 있다는 내용이다.

'세상에 가장 좋은 것과 가장 나쁜 것을 동시에 지니고 있는 것'이 혀라고 이솝은 말했는데, 자기암시 역시 혀와 같다. 우리가 자주 반복하는 생각과 말과 행동은 무엇이든 자기암시로 작용한다. 나중에 축적된 힘은 의식적이든 무의식적이든 당신의 삶을 방향성 있게 이끌어줄 것이다. 예외는 없다. 모든 것이 해당된다!

3. VVerbalization : 언어화는 말의 씨앗을 뿌리는 것이다.

크게 말함으로써 긍정문의 효과는 80% 이상으로 올라간다. "세상에 빈말은 없다!"는 말이 있듯이 말은 살아 움직이면서 놀라운 힘을 발휘한다. 말이 지닌 동력! 전문적인 용어로 동력을 원리적으로 밝히는 학문을 키네틱스kinetics, 곧 동역학이라고 부른다.

"나에게 한 문장만 달라. 그러면 누구든지 범죄자로 만들 수 있다." 홀로코스트 당시, 나치당 괴벨스의 말이다. 충분히 가능한 얘기다. 그 문장 하나를 가지고 반복 주입하면 그것이 진실이 되고, 결국 사람들을 움직여 행동으로 옮기게 할 수 있으니까 말이다. 우리도 키네틱스에 따라, 말이 씨가 되도록 언어화를 적용해 보자. 예를 들면, 이러한 말의 씨를 뿌리는 것은 어떤가? "나는 매일 아침 6시에 일어나 30분씩 독서를 한다."

4. A Assume the rale **: 역할가정은 된 척하기다.**

이미 원하는 독서 습관을 가지고 한줄씩 또는 세줄씩 독서하는 것처럼 자연스럽게 느끼고 행동하라. 감정은 행동을 만들고, 행동은 감정을 만들 수 있어서 잠재의식은 상호보완적이다. 우울한 감정이 들었다가도 수목원을 걸으며 산책을 하는 행동을 하면 상쾌한 감정상태가 되는 것처럼, 행동은 새로운 감정을 만들어낼 수 있다.

이러한 것을 '프락시스'라고 하는데, 행동으로 감정을 불러일으킬 수 있다는 것이다.

먼저, 느껴라! 이미 이룩한 것처럼 된 척하면, 느낌이 행동이 되어 인력의 법칙을 작동시킬 수 있다. 사람의 차이는 지적 정도, 교육, 기회라기보다는 정기적으로 자신의 마음에 어떤 음식을 먹이느냐에 달려 있다. 골든아워를 활용한 하루 30분의 꾸준한 독서는 평생을 동행할 독서습관을 만들고, 결국 행복지수도 높일 수 있다.

독서는 선택이 아니라 행복의 필수조건이다! 이 세상에서 자기 자신보다 자신을 더 사랑하는 사람을 찾을 수는 없다. 또한 자신을 사랑하는 일이 얼마나 중요한지 깨닫는 순간, 우리는 행복에 더욱 가까워짐을 알 수 있다. 그러므로 가장 쉽게 깨어 있는 삶을 살고 차이를 만들어낼 수 있는 독서는, 시간이 나면 하는 선택이 아니라 매일 꾸준히 반드시 실행해야 할 행복필수조건이 되어야 한다. 과연 독서를 꾸준히 실행하는 사람치고 행복하지 않은 사람이 있을까? 없다! 오늘부터 매일 아침 또는 시간을 정하여 꾸준히 30분 이상의 독서를 통해 당신의 행복지수를 높이고, 나아가 대한민국의 행복지수를 높여 나가길 바란다!

1Day 1Question

지금 이 순간, 여러분이 갖고 있는 행복의 조건은 무엇인가?
(행복 list 작성하기, 행복은 깨달음이다!)
1. 가족은 짐이 아니라 축복이다.
2. 텃밭은 생명의 선순환이다.
3. 독서와 삶은 하나다.

크랩, 독서로 뇌신경을 연결하라

나의 뇌는 나의 생각대로 작동한다.
할 수 없다고 생각하면 작동하지 않고
할 수 있다고 생각하면 답을 찾기 위해 작동한다.

—《내 상처의 크기가 내 사명의 크기다》 중에서

커다란 물컵에 물이 절반쯤 담겨 있다. 이 물컵에 파란색 잉크를 한 방울 떨어뜨리면 어떻게 될까? 곧 파랗게 퍼져나가 물이 다시 하얗게 보일 것이다. 다시 두세 방울 떨어뜨리면 ? 마찬가지로 곧 흔적이 남지 않고 물이 하얗게 보일 것이다. 계속해서 한두 방울씩 물에 잉크를 떨어뜨린다면 어떻게 될까? 아마도 물이 점점 파랗게 변해갈 것이다. 한 방울의 파란 잉크가 물의 색을 서서히 바꿔가듯, 우리가 반복하는 모든 것들은 어떤 식으로든 뇌에 흔적을 남긴다. 마찬가지로 독서를 반복하는 것도 뇌에 파란색 잉크를 계속해서 떨어뜨리는 것과 같다. 사라진 듯이 보이는 잉크가 세포핵 속으로 깊숙이 스며들어 결국 강한 흔적을 남기게 된다.

독서를 하면 뇌가 살아나고 뇌 구조가 바뀐다. 최근에 뇌과학자들이 말하듯 독서는 당신의 뇌 구조와 시냅스 등 내용물을 모조리 재창조하는 기적적인 현상이 뇌에서 벌어지게 된다. 독서를 하면 인간의 뇌가 물리적으로 재생성되고, 재배치되고, 심지어 재탄생되기 때문이다.

뇌신경 속에는 DNA, 즉 유전자가 있다. 뇌신경이 한 번 자극을 받으면 뇌신경 내에 단백질 키나아제 A라는 물질이 생긴다. 이 물질은 일정한 주기로 세포가 자극될 때마다 세포 안에 조금씩 쌓여간다. 그리고 세포 전체로 서서히 퍼져나간다. 세포 안에 쌓인 단백질 키나아제 A는 세포 안 구석구석으로 확산된다. 잉크가 물컵에서 서서히 퍼져나가듯 단백질 키나아제 A도 세포 구석구석으로 퍼져나간다. 결국 세포핵 속까지 퍼지게 되고 단백질 키나아제 A가 핵 속으로 들어가면 크랩이 만들어진다. 크랩 단백질은 DNA의 특정 유전자 부위에 달라붙어 유전자 스위치를 켜게 된다. 스위치가 켜진 유전자, 즉 DNA가 일을 하면서 뇌신경 연결을 위한 온갖 물질이 만들어지기 시작한다.

우리가 어떤 반복을 하면, 뇌신경은 가지를 뻗어 연결을 하며 아름답게 뻗어나간다.

뇌신경 자극은 크랩을 만드는 일이다. 크랩은 뇌신경 속 DNA를 깨우고, 결국 뇌신경 연결을 만들어낸다. 우리의 모든 경험들은 뇌신경 연결을 만들고 결국 뇌에 흔적을 남긴다. 그래서 독서를 하면 평범한 사람도 독서천재가 될 수 있다. 독서의 반복으로 독서 뇌신경시냅스이 연결되기 때문이다. 오로지 연결하라! 독서를 통해 독서크랩을 만들면, 당신은 독서천재가 될 수 있다.

독서를 통해 시냅스를 만들고 독서 뇌신경을 만드는 원리를 잘 이해하기 위해, 뇌의 가소성에 대해 세 가지로 알아보자.

첫째, 신경세포의 발생이다.

뇌과학의 발달로 여러 연구를 통하여 신경세포가 새로이 발생할 수도 있는 것으로 알려졌다.

둘째, 신경세포의 역할 변화이다.

신경세포는 역할을 바꿀 수 있다. 시각을 담당하던 세포는 시각 자극이 지속되지 않을 경우 역할을 바꿀 수 있다. 점자를 인식하는 세포가 된다든지, 청각 영역으로 바뀐다든지, 주어진 자극에 의하여 새롭게 쓰임새를 만들게 된다. 만약 엄지손가락이 잘려서 감각 자극이 없을 경우에 바로 옆의 엄지손가락 자극이 엄지손가락 뇌 영역을 차지하게 된다. 이러한 변신은 꽤 빠르고 신속하게 이루어진다.

셋째, 신경세포의 시냅스 수 증가이다.

연습자극이 주기적으로 수 차례 지속 반복될 경우, 세포와 세포의 연결이 치밀해지고 견고해진다. 즉 뇌세포의 DNA가 자극되어 시냅스의 수가 많아지고 치밀해져서 자극의 흐름이 빠르고 견고해진다. 이러한 변화는 신경세포의 핵 속에 있는 DNA를 자극하고 단백질을 합성해야 하기 때문에 위에서의 두 번째 원리 '신경세포의 역할 변화'보다 느리고 더디다.

다음은 반복연습을 통한 뇌의 변화에 대한 실제 예이다.

1985년 마리안 다이아몬드 박사는 세기의 천재인 아인슈타인의 뇌를 해부하여 현미경으로 관찰한다. 관찰 결과, 좌측 하부 두정엽의 뇌 신경세포 수는 평균 수준이며, 대신 아교세포의 수가 상당히 많다고 발표한다. 아교세포의 역할 중 하나는 뇌신경세포의 축삭을 감싸는 미엘린을 만드는 것이다. 미엘린은 뇌세포라는 전기선에 전기가 잘 흐르도록 감싸는 역할을 한다. 즉 전선의 피복 같은 일을 하는 것이다.

척추동물만이 유일하게 신경섬유를 감싸는 미엘린을 가지고 있다. 달팽이와 초파리에게는 미엘린이 없다. 침팬지와 원숭이가 사람과 구별되는 이유는 바로 미엘린의 양 때문이다. 독서를 할 때 신중하게 계획된 연습이 완벽을 만드는 이유는, 이 하얀색 절연물질인 미엘린의 역할로 설명할 수 있다. 미엘린의 놀라운 효과는 다음과 같다.

1. 전기의 전송속도를 약 100배까지 빠르게 한다.
2. 세포에 한 번 전기가 통하고 나면 다음 번 전기가 통하기 위해서는 쉬는 시간을 가져야 한다. 이러한 쉬는 시간, 즉 불응기를 약 30분의 1 정도 줄인다.

그러면 신경세포가 덜 쉬고 일할 수 있다.

3. 미엘린은 속도뿐만 아니라 정확도, 타이밍도 좋게 해준다. 두 사람이 무거운 물건을 들 때 동시에 들어야 물건이 들리는 것처럼 정확도가 중요한 순간이다.

미엘린은 이러한 매커니즘을 통해 약 3,000배 정도 뇌세포의 정보처리능력을 업그레이드 시킨다. 미엘린은 올리고덴드로사이트라 부르는 오징어 모양의 세포가 뇌세포 축삭을 감싸면서 만들어진다. 뇌세포가 발화되면 오징어 모양의 세포는 촉수를 뻗어 축삭을 돌돌 말아서 감싼다. 오징어가 마치 막대기를 말아 쥐듯이 여러 겹으로 겹쳐지게 된다. 뇌세포가 정확하게 신호를 쏘아 올릴 때마다 오징어 모양 세포는 이에 반응하여 많게는 50번 정도까지 돌돌 말려 올라간다. 마치 양파 껍질처럼 여러 겹으로 돌돌 감싼다.

신중하게 계획된 독서를 반복하면 독서 뇌신경을 만들고 시냅스를 늘리는 원리가 어떻게 진행되는지를 알아보았다. 반복 연습은 시냅스의 변화를 만든다.

여러 번에 걸친 장기간의 뇌세포 자극이 필요하지만, 당신이 독서를 할 때마다, 당신의 뇌는 가소성 원리에 따라, 서서히 독서 뇌신경을 만들고 연결해 나간다. 머릿속 시냅스를 바꾸고, 또한 강화시키기 위해서는 꾸준한 '독서 반복'이 필수이다. '주기적 반복이 시냅스를 연결한다.' 결론은 간단하다.

"명확한 목표를 세우고 꾸준히 독서하면 독서 뇌신경은 단련되고, 결국 당신은 독서천재가 될 수 있다."

1Day
1Question

나는 얼굴을 관리하듯 뇌美인이 되기 위해 무엇을 할까?

1. 매일 꾸준한 독서
2. 3초 호흡과 편안한 이완
3. 자연 안에서 20분 이상 걷기

독서는 삶의 특권이다

"너는 여기에서 진정한 자신으로 돌아갈 자유를 얻은 거야.
그리고 아무것도 네 길을 방해할 수는 없어. 그것이 위대한
갈매기의 법칙이야. 실재하는 참다운 법칙이지"

—《갈매기의 꿈》 중에서

좋은 일
좋은 사람
좋은 삶을 만나려면
간단한 준비물이 있다.
좋은 나!

'좋은 나'라는 준비물을 만들 수 있는 가장 쉬운 방법은 독서다! 이러한 독서는 새로운 성장동력을 만들어 낼 수 있는 인간의 특권이고, 우리 공동체를 위해 할 수 있는 가장 강력한 미래투자다. 한마디로 읽는 것이 힘이다!

찐빵집을 그만두고 처음엔 너무나 고통스러웠다. 생계가 어려웠기 때문이다. 맞벌이를 하다가 강사가 되기 위한 공부를 하면서 교육비는 계속 투자되는데, 한동안 수입이 없었다. 아무도 내가 '강사'인 줄 알지 못했고, 당연히 불러주는 곳도 없었다. 날마다 울면서 공부하고 매달리며 기도했다. 새벽부터 새벽까지……. 그야말로 미친 몰입이었다. 세수도 하지 않았다는 사실을 오후 6시 이후가 되어서야 깨닫곤 했다.

너무나 힘들었지만, 한편으론 너무나 행복한 시간이었다. 스스로 생각해도 짠하면서도 내가 살아있음을 느낄 수 있었다. 날마다 하느님께 떼를 쓰듯 기도하며 위로삼은 말은 '진인사대천명!'이다. "그래 한 번 해보는 거야. 김미경 강사도 처음이 있었기에 지금이 있는 거지. 나도 할 수 있어!" 공부하는 게 힘들었지만 한 가지씩 배우는 즐거움이 컸다. 나의 선택을 한 번도 후회하지 않았다. 혁신이 주는 달콤한 고통이 공부 속에 있음을 그때 깨달았다.

나에게 독서를 하면서 삶의 특권을 누리며 살도록 생명을 이어준 산타아버지가 계시다.

어느날 나는 가을 하늘을 올려다보며 시골집 대청마루에 앉아 있었다. 그때 갑자기 아버지가 점퍼 속주머니를 뒤적뒤적 대시더니 흰 봉투 하나를 꺼내셨다.

"넣어 둬라."

"이게 뭐예요?"

"얼마 안 된다. 학비에 보태거라. 김서방에게 말하지 말고 비상금으로 가지고 있거라."

"……."

눈물이 비오듯 흐르고 대문 밖으로 멀어지는 아버지와 높다란 하늘을 번갈아 바라보며 입술을 꽉 물었다. 나는 가늠할 길 없는 울음을 삼키며, 반드시 세상에 쓸모 있는 사람이 되겠다고 다짐하였다. 내가 어떠한 선택을 할 때 돈이 없어 올바른 선택을 하지 못할까봐, 때로는 비굴해지고 나약해질까봐, 배움을 중단할까봐, 내가 먹고 죽을 돈도 없을 만큼 가난할 때 아버지는 돈으로 내 목숨을 이어주셨다.

내가 세상에 태어나 대가 없이 받은 1,000만 원이었다. 아니 대가 없이 받고 내가 생명을 이어갔으므로, 나는 세상에 갚기로 결심하였다. 미라클독서법과 강의를 통한 수입의 10%는 하느님과 도움이 필요한 사람들과 나누기로 결심하였다. 지금쯤 하늘에 계신 산타아버지도 지금 내 모습을 보시며 미소 지으시겠지…….

이남희의 사명은 평생교육독서을 사랑하는 사람들에게
미라클독서법 시스템을 바탕으로
인간의 행복을 조력하기 위해 존재한다.

나의 사명선언서이다. 나는 매일 아침 사명선언서를 종이에 쓰면서 신념을 강화한다. 날마다 한 권 이상의 책을 읽고 블로그에 기록을 할 수 있어서 행복하다. 독서지식을 지식변비로 만들지 않고 수강자들과 나눌 수 있어서 나는 더욱 행복하다. 이렇게 미라클독서법 강의를 하게 된 일상이, 독서와 삶이 하나가 되어 누리는 내 삶의 특권이다.

독서라는 삶의 특권을 누리면서 나는 참 많은 이름으로 불리고 있다. 어색하고 익숙지는 않지만 미라클독서연구소 대표로, 미라클독서법 교수로, 칼럼니스트로, 책이 나오게 되면 저자라는 이름도 추가될 것이다. 어린 시절 담임선생님이 마련해 주신 분홍색 독서카드를 채우기 시작한 것이, 생계를 위해 하루하루 버티는 삶을 고단하게 사는 동안에도, 손가락이 휘도록 무거운 찐빵솥을 들고 다니는 중에도, 날마다 책을 읽었을 뿐인데, 나의 인생은 판이 바뀌었다.

책을 읽으면서, 나뿐만 아니라 세상에 존재하는 너무나 많은 사람들의 인생이 행복하게 바뀌었음을 알게 되었다. 성공하고 행복한 사람들 곁에는 누구나 예외 없이 책이란 공통점이 있었다. 책을 읽으면 생각과 의식이 비약적으로 성장하고 뇌가 바뀌고, 만나는 사람과 에너지의 흐름도 긍정적으로 바뀌니 너무나 당연한 결과라고 생각한다. 날마다 밥을 먹듯 책을 읽었을 뿐인데 삶이 통째로 바뀌다니!

나는 요즘 사랑하는 사람들에게 독서를 권하고 내가 읽은 책을 아낌없이 빌려 드린다.

물론 아직 턱없이 부족하지만, 매일 책을 읽고 배우면서 오늘만큼씩 성장하고 있다. 미라클독서모임과 미라클독서법 수강생들과 함께 이기에 더욱 선한 에너지를 낼 수 있음에 감사드린다.

처음 독서자들에게 가끔 책을 읽으면 머리가 아프다는 말을 듣게 되는데, 지면을 빌어 감히 말씀드린다. 독서는 새로운 것과 이미 아는 것 사이에 다리를 만드는 것이다. 즉, 사전지식과 새 정보를 통합하는 과정이다. 그러므로 책을 읽으면 배경지식을 기반으로 새로운 정보들로 확장할 수 있어 점차로 머리 아픈 것이 사라질 것이다. 책을 읽으면 읽을수록 배경지식이 쌓이기 때문에 앎의 선순환을 이룰 수 있다. 몸에 좋은 음식은 챙겨 먹는데, 얼굴을 예쁘게 할 화장품은 꼭꼭 챙겨 바르는데, 인생을 바꿀 책을 챙겨 읽지 않는다면, 그것은 너무나 안타까운 인생의 허비이다.

독서는 인간의 특권이다. 인생의 판을 바꿀 독서, 당신의 특권을 맘껏 누리기를! 끝으로 한 번 더, 읽는 것이 힘이다!

1 Day 1 Question

나의 사명은 무엇인가? 나는 왜 태어났을까?
1. 미라클독서법을 통해 사람들과 행복한 독서 소통을 위해서
2. 빈첸시오회 회원들에게 따뜻한 미소와 눈빛을 나누기 위해서
3. 성실, 소통, 나눔의 핵심가치를 실천하기 위해서

독서의 필요성을 일깨워준 책

《48분 기적의 독서법》, 김병완 지음, 미다스북스

3년이란 기간 동안 1,000권의 책을 읽으면 삶의 임계점을 돌파하게 된다. 삶의 임계점이란, 의식과 사고가 비약적으로 팽창하여 인생이 획기적으로 전환되는 시점을 말한다. 이렇게 획기적인 인생역전은 3년이란 한정된 시간 동안 1,000권의 책을 읽어야 비로소 가능해진다.

《독서천재가 된 홍팀장》, 강규형 지음, 다산라이프

1권 1실행의 윈—윈 전략

책을 읽고 배우거나 깨달은 것 한 가지는 반드시 현실에 적용하라.

정독의 강박에서 벗어나기! 핵심 내용을 기존의 지식과 연결시켜서 자신만의 인사이트를 만들어라.

짐승 같은 성실함! 지식관리는 물 한 방울이 바위를 뚫듯이 끈기와 인내가 필요한 일이다.

《1시간에 1권 퀀텀 독서법》, 김병완 지음, 청림출판

독서는 인생을 바꾸는 가장 강력한 마법이다.

책은 눈이 아니라 뇌로 읽는 것이다!

우리는 보이는 것을 읽는 게 아니라 생각하는 것을 읽는다. 진정한 독서는 훈련을 통해 몸을 단련하듯 우리의 생각을 단련하는 것이다.
—아인슈타인

《생각을 넓혀주는 독서법》, 모티어 J. 애들러, 찰스반도렌 지음, 멘토

통합적인 읽기의 다섯 단계
1단계 : 관련된 문단을 찾아라
2단계 : 저자로 하여금 단어의 의미에 맞추도록 하라
(저자가 사용하는 핵심어 찾아내기)
3단계 : 질문을 명확히 하라
4단계 : 쟁점을 규정 지어라
5단계 : 논의되고 있는 내용을 분석하라

《1만권 독서법》, 인나미 아쓰시 지음, 위즈덤하우스

독서란 수천의 문장 사이에서 나를 성장시킬 단 한 문장을 찾는 과정이다!
책을 읽으면서 다 기억하려고 하지 마라!
한 권의 책을 독파할 때마다 하나의 세상이 열린다.
인생은 책을 얼마나 읽었느냐에 따라 달라진다.

《독서천재가 된 홍대리》, 이지성, 정회일 지음, 다산라이프

아무리 거대하게 보이는 일도 하나씩 해나가면 반드시 끝난다는 것.

《포커스리딩》, 박성후 지음, 오디세이

두뇌가 원하는 방식은 핵심 중심의 책읽기다!
두뇌는 긴장하지 않으면 집중도 하지 않는다.
천천히 읽을 때보다 이해력이 향상된다.
매우 빠른 속도로 전체적으로 이해가 가능하다.
두뇌 활성화 및 집중력 향상에 큰 변화가 생긴다.

《본깨적》, 박상배 지음, 예담

책은 삶을 변화시킬 수 있는 큰 동력을 갖고 있다. 그럼에도 선뜻 책을 읽지 못하는 이유는 책을 읽으면 정말 삶이 변할 수 있다는 것을 믿지 못하기 때문이다. 책을 읽었는데도 삶에 아무 변화가 없었던 것은 책을 제대로 읽지 못했거나 읽었어도 읽은 것으로만 끝냈기 때문이다. 책을 읽고 변화하는 주체는 자기 자신이다.

《대한민국 독서혁명》, 강규형 지음, 다연

'독서포럼나비'의 VISION
나로부터 비롯되는 목적 있는 책 읽기를 통해 세상에 선한 영향력을 미치는 리더가 되자!
우리는 충분히 주인공이 될 자격이 있다.
변화하고 싶다면 나를 둘러싼 단단한 껍질부터 깨야 한다.
당연히 고통스럽다. 하지만 고통이 무서워 아무런 시도도 하지 않는다면 변화는 불가능하다. 고통을 인정하고 받아들일 때 비로소 변화는 시작된다.

《포토리딩》, 폴 R.쉴리 지음, 럭스미디어

포토리딩 시스템

1단계_준비 단계 : 분명한 목적의식

2단계_사전 검토 단계 : 핵심 단어 찾기

3단계_포토리딩 단계 : 포토포커스 상태에 맞추기

(인간의 뇌는 선천적으로 잠재의식을 통해 정보를 처리하는 능력을 가지고 있는데, 포토리딩은 이 능력을 이용)

4단계_활성화 단계 : 스스로에게 질문 던지기

5단계_카약 단계 : 천천히 읽기와 속독

《부자나라 임금님의 성공독서전략》, 사이토 에이지 지음, 북포스

제1단계는 5분 동안 프리뷰 : 사전준비 단계. 표지나 커버, 목차, 띠지, 비주얼, 소제목, 서문, 후기, 해설 등. 키워드 찾기.

제2단계는 5분 동안 포토리딩 : 양면 읽기 2초로 본문 체크하기 : 양 페이지를 정확히 2초식 훑어보기. 핵심은 바라보기. 문자기호 자체에 숨겨진 의미를 해독하여 입력하는 것이 아니라 문자기호 자체를 이미지로 포착하는 것.

제3단계는 20분 동안 스키밍 : 20%를 읽고 80%를 획득한다. 스키밍이란 건져낸다, 혹은 대충 읽는다는 뜻이다. 스키밍의 핵심은 전부가 아닌 필요한 부분만 기술적으로 빼내는 것이다. 임금님의 속독술은 짧은 시간을 활용해 효율적으로 정보를 얻는 것이 목적이다.

PART 2

독서가 주는 달콤한 혁명

독서하면 시간이 절약된다

기록하지 않는 자, 성공할 수 없다.

남과 다른 성공을 꿈꾼다면 삶을 기록하라!

—《성과를 지배하는 바인더의 힘》 중에서

독서할 시간이 없다고 호소하는 소리를 자주 듣는다. 너무 바빠서 책을 읽지 못한다는 것이다. 일견 일리가 있는 말이다. 세상을 살다보면 불공평한 것들이 많지만, 다행스럽게도 시간만큼은 공평한 조건이다. 누구에게나 하루는 24시간 1,440분이다.

그런데 '미라클독서법'을 운영하면서 한정된 시간 속에서 보다 자유로워지는 방법을 알게 되었다. 내가 하루를 계획하고 통제하는 방법이다. 시간을 통제한다는 것은 일의 연속성을 통제하는 것이다. 나는 그 방법 역시 책을 통해서 알게 되었는데, 《성과를 지배하는 바인더의 힘》이란 책에서 3P바인더로 시계부 쓰는 방법을 배우게 되었다.

3P바인더는 흘려보내는 시간의 낭비를 줄이는 것이 관건인데, 시

간을 눈으로 보면서 관리하는 방법이다.

3P바인더는 일주일을 한눈에 보면서, 하루의 시간을 관리하는 것이 가장 큰 장점이다. 우리는 어떤 일을 할 때 막연할 때보다 눈에 보이면, 관리와 통제가 한결 용이해진다. 우선 추상적인 시간을 눈에 보이도록 구체적으로 기록한 후, 하루 단위로 실행해 나간다. 무슨 일을 해야 할지 모르는 상태에서 닥치는 대로 해치우던 때와는 시간의 효율이 질적으로 달라진다.

한마디로 내가 시간을 통제하며 주도권을 갖고 사는 것이다! 내가 통제한다는 것은 운전대를 내가 쥐고 있는 것과 같아서 한결 긍정적인 감정이 싹튼다.

1. 잠자기 전 또는 아침에 하루계획 세우기(5분)
2. 실행하기 또는 수정하기(실시간)
3. 피드백하기(5분)

먼저 잠자기 전 또는 하루를 시작하면서 일정표에 'To do list'를 기록한다. 가능한 잠자기 전에 미리 'To do list'를 기록해보는 것이 좋다. 너무 세세히 기록하기보다는 큼지막한 뼈대만 5가지~7가지 정도로 적는다. 그러고 나서 '실행하기' 단계인데 갑자기 생기는 변수가 있을 때는 계획을 변경하여 적용하면 된다. 끝으로 하루를 마무리하면서 반드시 '피드백'을 한다. 전체를 한눈에 보면서 나의 하루에 칭찬 또는

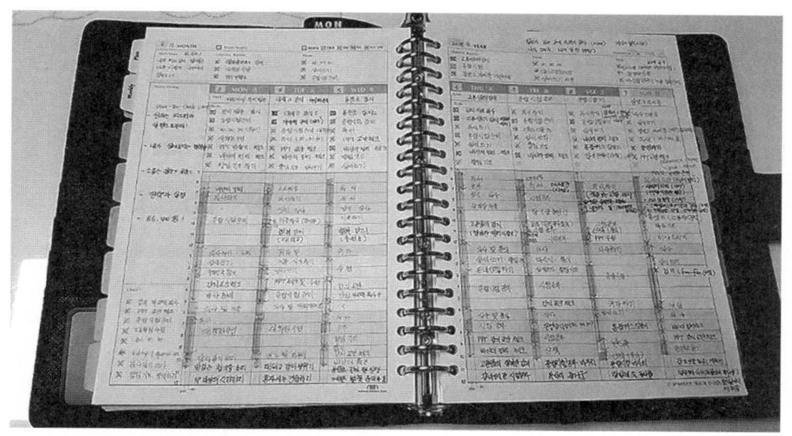

3P바인더에 쓴 저자의 시계부

보완할 점이 있는지 점검하는 시간이다. 이러한 피드백을 통해서 시간계획을 더욱 잘할 수 있다.

3P바인더로 시계부를 쓴 후의 가장 큰 변화는, 하루의 시간이 길어진 듯한 느낌이 든다는 점이다. 내가 운전대를 쥐고 원하는 삶의 방향으로 가는 자유를 누릴 수 있게 된다. 무엇보다도 독서할 시간을 확보하게 되었다.

하루가 너무나 바쁘기만 하고 점점 지쳐가기만 한다면, 당장 당신의 하루를 기록해 보라. 어떤 일에 시간을 많이 쓰고 있는지, 낭비되는 시간은 없는지가 파악될 것이다. 특별히 한 일도 없는데, 하루가 빠르게 지나간다고 느낀다면 내 시간을 다른 사람이 좌지우지하도록 허락했을 가능성이 높다. 내 시간을 내가 통제하지 못하면, 다른 사람이 멋대로 내 시간을 통제하게 된다. 내가 나의 시간을 계획하고 통제하는 내 시간의 주인이 되어 살아가자.

자, 이제 당신의 시간을 통제할 수 있으니, 그 시간에 독서를 하자! 흘려보내던 시간들을 꽉 붙잡아 기록하고 여유로워진 시간 동안 독서를 하면 된다. 하루에 30분이라도 좋다. 가능하면 같은 시간대에 '매일, 꾸준히, 즐겁게' 독서를 하면서 시간의 자유를 누리시라. 시간의 여유뿐만 아니라, 독서를 하면서 정신적으로도 풍요로워짐을 느낄 수 있을 것이다.

글쓰기를 하고 있는 요즘 나의 하루는, 크게 다섯 가지로 채워진다.

— 하루 한 꼭지 글쓰기

— 미라클독서법 강의하기

— 하루에 책 한 권 읽고 북리뷰 쓰기

— 미라클독서법 지침대로 훈련하기

— 산책과 기도하기

나의 하루하루는 3P바인더와 '미라클독서연구소' 네이버 블로그에 차곡차곡 기록되고 있다. 어떻게 하루에 강의와 독서, 독서법 훈련을 하고 산책과 기도시간까지 마련할 수 있냐는 질문을 많이 받는다. 비결은 시간 기록이다.

매일 시간을 기록하고 실행하고 피드백하면서 나만의 시스템을 갖추게 되니, 시간이 여유로워짐을 느낀다. 독서를 통해 시스템은 계속 해서 보완해 나가고 있다.

《논어》를 읽기 전이나 읽은 뒤나 똑같다면
그는 《논어》를 읽지 않은 것이다.
—정자

5년 전 나의 삶과 지금의 삶을 비교해보면 너무나 많은 것이 바뀌었다. 시간관리를 시작하면서 삶이 질적으로 바뀐 것이다. 무엇보다도 독서를 통해 계속해서 나의 뇌에 인풋이 이루어지니, 삶 속에서 아웃풋도 자연스럽게 나오게 되었다.

3P바인더를 꼭 쓰지 않더라도 선호하는 플래너를 이용하여도 된다. 먼저 가계부를 쓰듯이 시계부를 기록해보자. 시간을 절약하고, 확보하여 그 자유로움 속에서 독서의 기쁨을 맘껏 누리시라. 오늘부터 하루를 기록하고, 단 30분이라도 독서를 반드시 실행할 것!

1Day 1Question

아침에 일어나자마자 가장 먼저 하는 일 세 가지는 무엇인가?
1. 긍정의 자기암시(언어화, 시각화)
2. 간단한 운동과 안구 스트레칭(운동)
3. 긍정문, 1Day 1Question(기록)

독서하면 일상도의 습관이 달라진다

인생은 축적이다. 하루하루, 순간순간 조금씩 쌓여가는 것이다.
책을 가까이 하면 외롭지 않고, 훌륭한 사람들과 대화하며 많은 것을 배울 수 있다.
좋은 책을 읽는다는 것은 과거의 가장 훌륭한 사람들과 대화하는 것이다.

—《우문현답》 중에서

오늘은, 오늘이 아니면 할 수 없는 일을 하는 날이다. 달콤한 자기 혁명은 하루 속에서 자신이 지배하는 시간을 넓혀가는 것이다. 시간을 통제하기 시작하면 기분이 좋아지고 긍정적인 정서가 구축되기 시작한다.

무엇보다도 독서하는 시간을 확보하고 독서 습관을 길들여라. 먼저 일상도를 효율적으로 살기 위해서는 시스템이 꼭 필요하다. 시스템을 만드는 데는 시간이 다소 걸리지만, 한 번 구축해두면 그다음부터는 행동할 때마다 첫 단계부터 다시 생각해야 할 필요가 없어진다. 일일이 생각하지 않아도 행동에 옮길 수 있는데다 꾸준히 지속하기도 쉽다는 장점이 있다. 매뉴얼화된 시스템대로만 가면 되니까 무척 편리하다. 시스템대로 하루하루를 살아가면서 과정의 근육을 만들어 나가라. 나는 일상도를 시스템대로 살아간다.

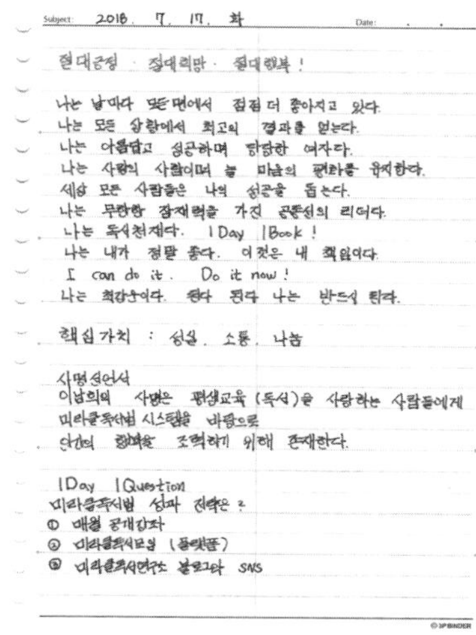

Subject: 2018. 7. 17. 화 Date: . .

절대긍정 · 절대희망 · 절대행복!

나는 날마다 모든 면에서 점점 더 좋아지고 있다.
나는 모든 상황에서 최고의 결과를 얻는다.
나는 아름답고 성공하며 당당한 여자다.
나는 사랑의 사람이며 늘 마음의 평화를 유지한다.
세상 모든 사람들은 나의 성공을 돕는다.
나는 무한한 잠재력을 가진 공동선의 리더다.
나는 독서천재다. 1Day 1Book!
나는 내가 정말 좋다. 이것은 내 책임이다.
I can do it. Do it now!
나는 최강운이다. 된다 된다 나는 반드시 된다.

핵심가치 : 성실. 소통. 나눔

사명선언서
이남희의 사명은 평생교육(독서)을 사랑하는 사람들에게
미라클독서법 시스템을 바탕으로
인간의 행복을 조력하기 위해 존재한다.

1Day 1Question
미라클독서법 성과 전략은?
① 매월 공개강좌
② 미라클독서모임 (플랫폼)
③ 미라클독서연구소 블로그와 SNS

© 3P BINDER

저자의 일일 관리 시스템 시각화 자료

침대에서 눈을 뜨자마자 하는 것은 긍정의 자기암시와 시각화다.

"나는 날마다 모든 면에서 점점 더 좋아지고 있다!" 긍정의 자기암시를 외친 후 비전보드를 보며 나의 목표를 시각화한다. 시각화는 머릿속 상상의 형태로도 훈련하지만, 비전보드를 크게 만들어 창틀에 두고, 잠자기 전과 일어나자마자 또는 오고 가며 자주 바라보고 있다. 시각화 자료는 출력하여 화장대 등에 붙여두고, 필요할 때는 수정하기도 한다. 그러고 나서 거실에서 운동을 하는데, 안구 지압과 간단한 스트레칭을 한다. 눈 주위의 혈점을 눌러 자극을 해주고, 안구 스트레칭과 온 몸을 가볍게 풀어주는 스트레칭을 한다.

몇 년 전 강사가 된 후 장시간 강의교안을 만들다가 안구건조증으로 무척 고생한 적이 있다. 안구건조증과 노안까지 와서 늘 인공눈물을 달고 살았고, 흐린 날에도 선글라스를 끼고 다녔다. 야간 강의 후 귀가할 때 앞 차가 브레이크를 밟아 빨간 등이 들어오면 나는 눈이 쓰라려서

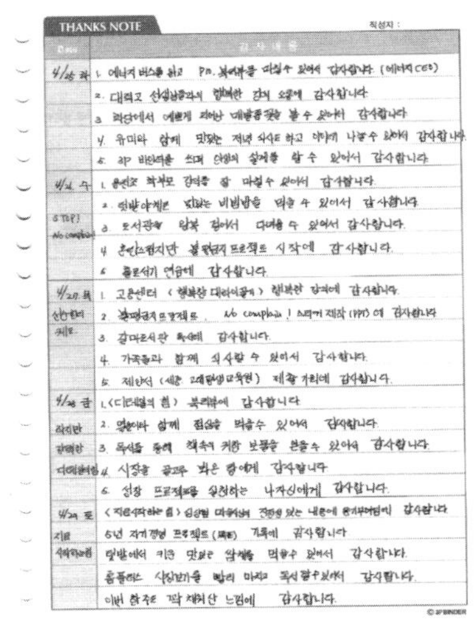

저자의 하루 실행 기록서

눈물을 흘렸다. 그런데 매일의 일상도로 눈운동을 꾸준히 하자 이제는 정말 눈이 건강해졌다. 매일 아침 안구 스트레칭을 한 결과이다. 현재 미라클독서법 훈련에서도 워밍업으로 안구 스트레칭을 적용하고 있다.(4장 참고)

간단한 아침 식사 후 2층 '나의 꿈이 이루어지는 공간'으로 이동한다. '나의 꿈이 이루어지는 공간'은 몇 년 전 내가 지은 작업실 이름이다. 10분 정도 기록 시간을 갖는다. 10가지 긍정문, 사명선언서, 1Day 1Question을 실시한다. 기록하는 행위는 뇌에 한 번 더 새기는 과정으로, 신념을 강화시키고, 추진력과 열정온도를 유지해준다.

그러고 나서 독서를 시작한다. 강의 일정에 따라 변수는 있지만, 주로 아침 5시에서 8시까지 책을 읽는다. 새로운 책을 한 권 읽고, 그동안 기록한 블로그의 북리뷰들을 다시 읽어 본다. 책장에서 이미 읽은 책들을 몇 권 가져다 반복하여 보기도 한다. 하루 중 이 시간은 나에게 가장 큰 선물이다.

강의를 마치고 나서는, 대개 침묵의 시간을 잠시 갖는다. 말을 많이 하였으므로 천천히 걸으며 생각을 차분하게 정리해보고, 20분 정도는 생각, 말, 행동을 멈추고 향심기도를 한다. 오히려 바쁠수록 모든 것을 멈추는 시간이 꼭 필요하기에, 20분간 향심기도를 7년째 훈련하고 있다.

오후나 저녁 때 독서를 하면서 미라클독서법 시스템을 다듬는다. 하루에 3시간에서 7시간 정도 독서를 하고 있다. 강의시간과 기도와 걷기를 제외한 대부분의 시간을 미라클독서법 연구에 투신하고 있다. 미라클독서법은 훈련이고 체험이고 깨달음이다.

하루를 마치며 감사일기를 쓴다. 감사도 근육과 같아서 몇 년간 매일 쓰다 보니 이 또한 내 삶을 지탱하는 힘이 되고 유지시켜 준다.

우리의 삶은 저마다 미래를 예측할 수 없고 통제할 수 없기에 때때로 두려워하고 흔들리기도 한다. 어린 나무가 바람에 흔들리는 것처럼 누구나 흔들리는 경험을 한다. 그렇지만 흔들리는 나무라야 쓰러지지 않으려고 더 깊이 뿌리를 내린다. 우리의 삶도 그러하다. 핵심습관, 즉 시스템이 있어야 한다. 시스템 안에 독서가 들어 있다면 흔들릴지언정, 그 사람의 인생은 반드시 꽃이 핀다는 사실을 기억하라! 나의 삶이 몹시 흔들리면서 뿌리를 깊이 내려갈 때 위로를 주던 시가 있다. 도종환의 '흔들리며 피는 꽃'이다.

흔들리지 않고 피는 꽃이 어디 있으랴

이 세상 그 어떤 아름다운 꽃들도

다 흔들리면서 피었나니

흔들리면서 줄기를 곧게 세웠나니
흔들리지 않고 가는 사랑이 어디 있으랴

젖지 않고 피는 꽃이 어디 있으랴
이 세상 그 어떤 빛나는 꽃들도
다 젖으며 젖으며 피었나니
바람과 비에 젖으며 꽃잎 따뜻하게 피웠나니
젖지 않고 가는 삶이 어디 있으랴
—도종환 〈흔들리며 피는 꽃〉

처음 독서를 할 때는 밑줄을 긋고 메모도 하며, 호기심과 질문을 유발하는 페이지는 오른쪽 하단의 귀를 접으며 읽었다. 독서로 인생을 바꾸고 싶은 분들은 3장과 4장을 참고하여 미라클독서법의 구체적인 독서전략을 익히길 권한다. 태도는 몸이 말하는 언어다. 올바른 태도로 시스템을 만들어 일상도의 습관을 만들면, 나중에는 습관이 실력 그 자체가 된다. 여러분만의 멋진 시스템을 꼭 만들길 바란다!

1Day 1Question

나의 핵심습관 세 가지는?
1. 오늘만 한 권 독서전략, 1Day 1Book
2. 생각과 말과 행동을 멈추고 20분간 침묵의 시간
3. 천천히 걸으며 자연 안에서 충전하기

삶의 의미와 가치를 생각하게 만든 책

《친구가 되어 주실래요?》, 이태석 지음, 생활성서사

여기 수단은 한국에선 볼 수 없는 정말 아름다운 것 두 가지가 있는데, 그중의 하나는 너무도 많아 금방 쏟아져 내릴 것 같은 밤하늘의 무수한 별들이고 다른 하나는 손만 대면 금방 톡 하고 터질 것 같은 투명하고 순수한 이곳 아이들의 눈망울이다. 아이들의 눈망울을 보고 있으면 너무 커서 왠지 슬퍼지기도 하지만 너무 아름다운 것을 볼 때 흘러나오는 감탄사 같은 것이 마음속에서 연발됨을 느낄 수가 있다.

《술 취한 코끼리 길들이기》, 아잔 브라흐마 지음, 연금술사

벽돌 두 장.
인간은 누구나 잘못 놓인 '벽돌 두 장'을 가지고 있다. 그러나 잘못 놓인 벽돌보다 완벽하게 쌓아 올린 멋진 벽돌들이 훨씬 많다는 것을 잊고 살 때가 많다. 이것을 아는 순간, 상황은 그다지 나쁘지 않게 된다. 그때 우리 자신뿐 아니라 타인과도 평화롭게 지낼 수 있다.

《죽음의 수용소에서》, 빅터 프랭클 지음, 청아출판사

'왜' 살아야 하는지를 아는 사람은 그 '어떤' 상황도 견뎌낼 수 있다.

나를 죽이지 못한 것은 나를 더욱 강하게 만들 것이다.

믿음을 상실하면 삶을 향한 의지도 상실한다.

인간은 어떤 환경에서도 적응할 수 있다.

"이 세상에는 사람의 이성을 잃게 만드는 일이 있는가 하면 더 이상 잃을 이성을 없게 만드는 일도 있다."

—레싱

《오상의 비오 신부 이야기》, 이상각 지음, 바오로딸

그대는 아픔을 그분께 드리고

평화를 가져갑니다.

절망을 드리고

희망을 가져갑니다.

《인생》, 최인호 지음, 여백

생生은

신이 내린

명령命令

그래서 생명生命

'꽃잎은 떨어져도 꽃은 지지 않는다.'

꽃은 해마다 피고 떨어지지만 큰 영향력을 끼친 이의 진면목은 영원히 사라지지 않는다.

《최인호의 인연》, 최인호 지음, 랜덤하우스

우리 모두는 밤하늘에 떠 있는 별이다.
이 별들이 서로 만나고 헤어지며 소멸하는 것은
신의 섭리에 의한 것이다.
이 신의 섭리를 우리는 '인연'이라고 부른다.
이 인연이 소중한 것은 반짝이기 때문이다.
나는 너의 빛을 받고,
너는 나의 빛을 받아서 되쏠 수 있을 때
별들은 비로소 반짝이는 존재가 되는 것.

《무지개 원리》, 차동엽 지음, 위즈앤비즈

하나, 긍정적으로 생각하라.
둘, 지혜의 씨앗을 뿌려라.
셋, 꿈을 품어라.
넷, 성취를 믿어라.
다섯, 말을 다스려라.
여섯, 습관을 길들여라.
일곱, 절대로 포기하지 말라.

《청소부 밥》, 토드홉킨스, 레이 힐버트 지음, 위즈덤하우스

첫 번째 지침 : 지쳤을 때에는 재충전하라.
두 번째 지침 : 가족은 짐이 아니라 축복이다.
세 번째 지침 : 투덜대지 말고 기도하라.

네 번째 지침 : 배운 것을 전달하라.

다섯 번째 지침 : 소비하지 말고 투자하라.

여섯 번째 지침 : 삶의 지혜를 후대에 물려주라.

《우체부 프레드》, 마크 샌번 지음, 랜덤하우스중앙

1. 매일 저녁 스스로에게 이런 질문을 던져라.

"오늘 나는 어떤 차이를 만들었는가?"

2. 일보다 사람을 먼저 배려하라.

(어떤 일을 하든 관계구축이 가장 중요)

3. 돈으로 승부하겠다는 생각을 버려라.

(경쟁자보다 더 넓게, 더 깊이 생각하는 것이 중요. 다른 사람을 위해 가치 창조)

4. 어제는 어제일 뿐, 오늘은 새로운 날이다.

(뜻하는 대로 일과 삶을 만들어 갈 수 있다.)

《마지막 강의》, 랜디포시 지음, 살림

시간은 당신이 가진 전부다. 그리고 당신은 언젠가, 생각보다 시간이 얼마 남지 않았다는 사실을 알게 될 것이다.

아이들은 내가 그들과 눈을 마주치는 매순간마다 작별인사를 하고 있다는 사실을 모르고 있다.(262p)

《갈매기의 꿈》, 리처드 바크 지음, 범우사

'가장 높이 나는 갈매기가 가장 멀리 본다.'

“너는 여기에서 진정한 자신으로 돌아갈 자유를 얻은 거야. 그리고 아무것도 네 길을 방해할 수는 없어. 그것이 위대한 갈매기의 법칙이야. 실재하는 참다운 법칙이지.”

눈에 보이는 것은 모두가 한결같이 한계일 따름이야. 마음의 눈으로 보고, 그것으로 이미 알고 있는 것을 찾아야 해.

독서는 머릿속 실제 자극이다

우리의 뇌 속에 공감의 비밀, 거울 뉴런이 들어 있다. 거울 뉴런이란, 남의 행동을 보는 것만으로도 자신이 행동할 때처럼 똑같이 반응하는 신경세포이다.

—《삼매경》 중에서

인간의 두뇌에는 흉내내기 신경세포 거울 뉴런이 있다.

웃는 얼굴을 보면서 웃는 것이 쉬울까? 인상을 쓰는 것이 쉬울까? 아마 상대의 표정을 따라서 미소를 짓는 것이 훨씬 더 쉬울 것이다.

한밭대학교에 다니는 한 수강생이 반려동물 강아지에게 실험을 해 보았다.

사랑해, 고마워, 맛있어, 행복해, 예쁘다, 건강하다, 감사해 등의 종이에 적은 말들을 읽어주니, 강아지가 옆으로 와서 몸을 비비며 좋아하더란 것이다.

이번엔 반대로 미워, 짜증나, 못생겼어, 슬프다, 불행해, 슬퍼, 서운해, 기분 나빠 등의 말들을 감정 없이 읽어주니 강아지가 슬슬 눈치를 보며 멀리 가버리더라는 것이다. 감정 없이 읽어주는 말에도 강아지가 반응을 한 것은 언어가 뇌 속에서 해당부위를 자극했기 때문이다.

이 실험을 보고 내가 새롭게 깨달은 사실은, 독서도 머릿속 실제 자극이라는 점이다!

한 글자 한 글자를 읽는 동안 뇌에서는 마치 내가 지금 경험을 하는 것처럼 이미지를 만들 수 있다. 독서를 하며 머릿속으로 상상하는 것이, 실제 시냅스를 연결해가는 것이다. 행복한 글을 읽을 때는 뇌도 행복해하고, 슬픈 내용의 글을 읽을 때는 뇌도 슬퍼한다. 끔찍한 내용의 글을 읽을 때는 뇌도 끔찍해한다는 것을 알 수 있다. 그러한 글들을 읽을 때 내 몸이 저절로 반응하기 때문이다. 숲에서 삼림욕을 하거나 산책하는 내용의 책을 읽거나 사진을 보면 상쾌한 감정이 들고, 그러한 정서가 저절로 만들어진다. 그런데 폭력적인 내용이나 토사물 같은 내용의 글을 읽을 때는 나도 모르게 몸이 경직되거나 인상이 찡그려진다.

《기적을 부르는 뇌》라는 책에서 소개한 피아노 연습 실험이 있다. 하버드 대학교의 부속병원 센터장인 알바로 파스쿠알—레오네는 피아노를 이용하여 상상 연습의 효과를 증명했다. 그는 피아노를 배운 적이 없는 사람들을 두 그룹으로 나누어 실험을 했다. 즉 피아노를 치면서 연습하는 그룹하루 2시간씩 5일 동안 실제 연주과 마음 속 상상으로만 연습하는 그룹하루 2시간씩 5일 동안 연주되는 멜로디를 들으면서 상상 연습으로 나누고 컴퓨터를 이용해서 연주의 정확도를 측정하고, 이들의 뇌지도를 그렸다. 상상 연주의 정확도는 실제 연주에서 약 3일째에 나타났던 정확도와 같았다. 그러나 상상 연주 집단이 훈련 직후 딱 한 번 두 시간 동안 실제 훈련을 받았을 때는 실제 연주에서 5일째에 나타나는 정확도만큼 실력이 향상되었다. 결과는 실제연습 ≥ 실제 + 상상 연습 〉 상상 연습 정도로 요약할 수 있다. 상상 연습일 때는 실제 연습보다 피드백이 어렵기 때문에 실제보다 떨어지지 않았을까 추론해 볼 수 있다.

아주 특별한 상상 이야기를 하나 하겠다.

다섯 군데 트랙과 필드에서 100미터 장애물 경주, 포환던지기, 높이뛰기, 넓이뛰기, 200미터 경주로 이루어진 경기가 5종 경기다. 교통사고로 몸을 제대로 움직일 수 없었던 마릴린 킹은, 다섯 종목의 최고 기록 보유자들의 필름을 모두 구한 후, 스크린에 돌려보며 동작을 익혔다. 반복해서 거듭 필름을 보고 어떤 때는 느린 화면이나 한 프레임씩 끊어서 봤다. 재미삼아 거꾸로 돌려보기도 하고, 수백 시간이나 필름을 보며 연구하고 몰두했다. 필름을 보지 않을 때는 경기의 아주 세밀한 부분까지 머릿속에 그려보는 시간을 가졌다. 다만 근육 하나 움직이지 않고, 최선을 다해 상상으로만 연습을 했다. 올림픽 경기가 개막할 무렵, 출전할 만큼 몸이 회복되었다. 근육과 힘줄을 유지하며 다섯 종목을 치렀고, 1980년 올림픽 5종 경기 2위 입상자는 놀랍게도 마릴린 킹이 되었다.

—《쓰러지지 않는 영혼을 위한 닭고기 수프》 중에서

마음속으로 수천 번 상상으로 올림픽 메달리스트가 되었다면, 독서를 하면서 작가의 DNA와 간접적으로 접속할 수 있음을 알 수 있다. 수천 년 전 그들이 경험한 것을 현재를 사는 나의 뇌가 간접적으로 경험을 하고, 그들과 대화하듯 책을 읽는 것이 가능하다는 결론이 나온다. 세계 곳곳에 살고 있는 저자들뿐만 아니라 내가 존경하는 다산 정약용 선생님과도 만나고, 아리스토텔레스와도 만나고, 이미 고인이 된 구본형 선생님과도 만날 수 있는 것이다.

책은 사람이다! 책 속의 세계는 나의 세계인 동시에 분명 저자의 세계다. 독서를 통해 뇌가 실제로 자극받는다는 사실은, 저자들의 뇌 속 경험을 돈 안 들이고 쉽게 나눌 수 있는 엄청난 삶의 비밀이다.

내가 밥 먹듯이 매일 읽어대는 책들로 지식과 정보만 얻는 것이 아니라, 나의 뇌에서 가장 먼저 경험할 수 있다니, 정말 황홀한 일이 아닐 수 없다. 강의할 때 저절로 나왔던 울림 있는 멘트들도, 차곡차곡 쌓인 데이터들이 나의 뇌와 잠재의식에 쌓여, 결국 나의 삶에도 영향력을 미쳤던 것이다!

《내가 상상하면 현실이 된다》는 책에 있는 "우리는 모두 빛나도록 창조되었다!"라는 내용과 커다란 황금덩어리가 연결되었다. PPT 화면에 황금덩어리가 먼저 내려온다. 넓은 잔디밭의 황금덩어리에 햇빛이 짠하고 비치면 어떻게 될까? 반짝 반짝 빛날 것이다. 황금덩어리를 캄캄한 방에 두어 희미한 빛이 날 때도 황금덩어리의 본질은 변하지 않았다. 우리는 모두 빛나도록 창조되었다. 빛나도록 창조된 우리, 날마다 행복하게 사시길!

이제부터는 가장 먼저 나의 뇌가 경험하게 하자.

시간도 돈도 한정되어 있기 때문에 모든 것을 다 직접 경험하고 체험하며 살 수는 없다. 뇌와 우주의 입장에서 보면, 어떤 것이 좋은 것이고 중요한 것일까? 자주 하는 생각이 좋은 것이고 중요한 것이다. 매일 꾸준히 즐겁게 독서를 하면서, 뇌가 먼저 경험하는 습관을 들이자.

"좋은 습관은 작은 희생들을 쌓아올림으로써 길러지는 것"

에머슨의 말처럼 매일 뇌에 실제 자극을 해주는 습관을 갖자. 독서를 하는 동안의 머릿속 자극도 실제 자극이다. 의식적으로 틈 날 때마다 독서를 하여 머릿속에 자극을 자주 주어야 한다. 독서를 하며 장면을 맘껏 상상하면 관련 뇌 부위를 자극하면서 견고한 회로를 만들 수 있다. 당신의 뇌가 변하게 하라. 그러면 당신의 삶이 변한다!

**1Day
1Question**

뇌미인이 되려면 어떻게 할까?

1. 뇌가 좋아하는 방식으로(통으로 보며) 독서하기
2. 빈 공간을 바라보며 자연 안에서 걷고 충전하기
3. 텃밭에서 풀 뽑기, 생명을 돌보는 음식 먹기

독서하면 통찰력, 직관력, 행복도가 상승한다

"가장 단순하게, 날 제일 기쁘게 만들어주는 걸 찾자.

주위를 둘러봐.

네 주위를 둘러싸고 있는 게 뭐야?

넌 뭘 선택했니?"

—《미래의 나에게》 중에서

"엄마는 왜 책을 읽어?"

"책 읽는 게 행복해서!"

"근데 왜 하루에 한 권씩이나 읽어?"

"너처럼 키 크려고."

"언제까지 읽을 건데?"

"핏속에 글들이 살아서 흐를 때까지."(웃음)

군대에 간 열음이가 얼마 전 던진 질문이다. 내가 매일 독서를 하는 이유는 무엇보다도 행복하기 때문이다. 책을 읽다가 울림을 주는 글들을 만나면 가슴이 뛴다. 불광불급不狂不及이란 말이 있다. 미쳐야 미친다. 미치지 않으면 도달하지 못한다는 말이다. 기나긴 삶을 살아가면서 누구나 한 번 쯤은 무엇엔가 미쳐본 적이 있을 것이다. 온 몸과 맘을 기울여 미치는 경험을 할 수 있다는 것은 좋은 일이다. 이제 나는 책에 미쳐보고 싶다. 지속적으로 책을 읽는 이유는 알아가는 즐거움과 나누는 행복감 때문이다. 책을 통해서 지식이나 정보를 얻는 일차원적인 이익도 있지만, 내가 독서로 성장한 모든 것을 미라클독서법 수강생들과 나눌 수 있어서 참으로 행복하다.

예전에 읽은 《독서 천재가 된 홍대리》란 책 내용 중에 이런 이야기가 나온다. "평생 다 갚지 못할 큰 은혜를 받았는데 어떻게 갚아야 합니까?" "자신한테 고마움을 느낀다면 도움이 필요한 누군가를 만났을 때 그 사람을 도와주면 됩니다." 결국 책에서 하고자 하는 이야기는 감사함을 나누며 사는 것이 큰 기쁨이라는 메시지이다.

나 또한 블로그에 작성한 북리뷰를 통해 내 글을 검색하는 이웃들과 책의 감사를 공유할 수 있어서 행복하다. 마음은 자신에게 소중한 일을 성취하려고 움직일 때만 행복한 감정을 느끼도록 만들어졌다. 그래서 독서를 하면 전반적인 삶의 행복도가 높아진다.

책을 읽는 행위와 북리뷰를 반복할수록 소중한 성취가 쌓여가는 행복한 감정이 느껴진다. 날마다 책 한 권을 먹어치우고 북리뷰를 쓰고 나서야, 심장에 짜릿함을 느끼며 다리를 뻗고, 잠자리에 들 수 있다. 이러한 나의 중독에 가까운 독서습관을 보고, 가장 친한 친구가

한 말이다.

"버릇도 참 드럽게 들었어요!"

독서에 빠져서 친구와의 소통시간이 준 것에 대한 일종의 항의와 서운함의 표현이지만, 한편으로는 나의 독서습관을 누구보다도 지지해주는 친구의 마음을 알 수 있는 말이다.

독서를 하면 행복도가 높아질 뿐만 아니라 통찰력이 상승한다.

"통찰: 예리한 관찰력으로 사물을 꿰뚫어 봄."

국어사전의 내용처럼, 통찰이란 예리한 관찰력으로 사물을 꿰뚫어 통으로 보는 능력이다. 독서를 하면 일상생활을 하면서 통찰력을 경험하는 경우가 무척 많아진다. 한번은 친구와 시간이 빠듯하여 김밥을 먹으러 갔다. 메뉴판에서 메뉴를 고르고 있었는데, 내 눈에 오른쪽 하단에 있는 1인분 세트메뉴가 들어왔다.

1인분 세트 / 야채김밥+누드김밥+참치김밥

1인분 가격에 야채김밥과 누드김밥과 참치김밥을 골고루 맛볼 수 있는 메뉴였다. 한 가지 김밥만 먹을 때 다른 김밥도 먹고 싶을 수 있는데, 세트메뉴를 주문하면 세 가지 맛을 골고루 맛볼 수 있으니 참 좋았다. 친구는 그 메뉴가 눈에 보이지 않았는데, 내 눈에만 보인 이유는, 내가 시폭이 확대되어 통으로 메뉴판 전체를 보았기 때문이다.

독서를 하면 행복도와 통찰력이 높아질 뿐만 아니라 직관력도 좋아진다. 직관은 과거의 경험을 바탕으로 한 무의식적 지식이다. 뱃속에서 시작된 지혜라고 할 정도로, 과거의 경험을 바탕으로 나에게 좋은 것을 제시해준다. 내면으로부터 배울 수 있는 직관은 행복을 만들어내고 불행을 비켜갈 수 있는 순간의 선택이다. 한마디로 순발력이다. 이러한 직관력도 독서를 하면 매우 좋아진다. 잠재의식에 암묵적 지식들이 엄청나게 쌓여가기 때문이다. 필요한 순간순간 빛을 발하여, 우리가 말하는 '감'과 '촉'이 매우 발달하게 된다. 지금 이 순간에도 당신의 독서는 당신의 온몸에 살아 흐르며 흔적을 남기고 있다. 그리고 독서로 단련한 직관력은 당신이 필요한 순간에 최선의 선택을 위한 지혜를 줄 것이다.

낮엔 꽃, 밤엔 잎

'푸르키니에 현상'이라는 것이 있다.

1819년에 체코의 생리학자 '푸르키니에'에 의해 밝혀진 빛과 시각의 상관관계에 대한 현상이다. 그것에 의하면 우리 눈은 빛의 밝기에 따라 색깔을 다르게 인식한다고 한다. 가령, 밝은 빛 아래에서는 노란색이나 빨간색이, 어두운 빛 아래에서는 초록색이나 파란색이 더 먼저 눈에 띈다는 것이다.

'제라늄의 빨간 꽃과 초록색 잎은 어스름 속에서 꽃은 흐리게, 잎은 밝게 보인다. 하지만 정오의 태양 아래서는 빨간 꽃이 스포트라이트를 가져가고, 빛이 저물면 꽃은 다시 어두워지고 안 보이는 반면 잎은 환하게 보이게 된다.'

꽃과 잎이 서로 주인공이라고 외칠 필요가 없듯이, 책도 마찬가지다. 순간순간 변하는 빛 속에서 저마다 주인공임을 알고 있듯이, 책 속에 나오는 내용들은 모두가 생명력을 지니고 있기에 저마다 소중한 의미와 가치를 가진다. 당신 안에 유유히 살아 흐르며, 때때로 예리한 통찰력을 주고, 어느 때는 순간의 지혜인 직관력을 주며, 이 모든 것을 통하여 당신의 삶을 행복으로 이끌어준다. 좋은 책을 많이 맘껏 읽어라! 평생 한 권의 책도 읽지 않은 사람과 천 권의 책을 읽은 사람의 인생이 같을 수는 없다. 독서 뇌신경이 연결되어 뇌가 변하여 생각의 질이 확연히 달라지기 때문이다. 독서를 많이 한 양에 비례하여 당신이 최고로 행복한 삶을 살기를 진심으로 바란다.

끝으로, 한 권은 많고 천 권은 부족하다! 처음 독서를 시작하여 한 권을 읽기는 어렵지만, 일단 독서에 맛을 들이면 뜯어 말려도 책을 가까이 하게 된다. 그래서 한 권으로 시작한 독서가 천 권도 부족하게 된다. 지금부터라도 밥 먹듯이 매일 책을 읽어야 한다. 당신의 뇌에 일용할 양식을 줘야 한다. 지금 당장, 독서를 시작하라! 천 권의 책이 당신 핏속에 유유히 흐르게 하라!

처음으로 하늘을 만나는 어린 새처럼

처음으로 땅을 밟고 일어나는 새싹처럼

우리는 하루가 저무는 저녁 무렵에도

아침처럼 새봄처럼 처음처럼

항상 새로이 시작되고 있다.

—신영복 〈처음처럼〉

1 Day 1 Question

나를 행복하게 하고 울림을 주는 책 내용은?
1. "새싹이 혼자 땅을 뚫고 나오는 게 아니에요. 땅 또한 길을 내주는 거죠."
—《독서 천재가 된 홍대리》
2. "머리를 깨우는 아침 1분독서 : 커피로 하루를 깨우듯 딱 1분만 아무 페이지나 펼쳐 읽으면 뇌에 활기가 돈다."
—《독서 천재가 된 홍팀장》
3. "고객을 상대하는 일이 힘들고 진이 빠진다 할지라도, 바로 그러한 고객들이 있기에 당신이 사업을 꾸려갈 수 있다는 것을 잊지 마라."
—《행복을 파는 아이스크림 가게》

《에너지 버스》, 존 고든 지음, 쌤앤파커스

'에너지 뱀파이어 탑승 금지'
암운을 드리우는 그림자와 결별하는 방법은 그것을 내리쬐는 따사로운 햇빛을 철저히 차단하는 것이다.

심장은 감정을 관리하고, 전자기장을 통해 감정을 신체의 모든 세포로 전달한다. 이 전자기장은 1.5~3m 떨어진 곳에서도 감지할 수 있다. 심장의 전자기장은 뇌에서 나오는 전자기장보다 5,000배나 강력하다.
—미국심장학회 학회지에 실린 하트매스연구소 연구결과

《1250도 최고의 나를 만나라》, 김범진 지음, 중앙

세상에서 가장 아름다운 빛깔의 도자기라 불리는 고려청자가 빚어지는 온도. 1250℃는 도자기를 구울 때 이른바 자화가 일어나기 시작하는 온도이다. 이 온도가 되면 흙 속에 있던 유리질들이 녹아서 밖으로 흘러나오며 흙과 유약이 완전히 하나로 밀착된다. 자화를 거친 그릇은 단단하고 밀도가 높으며 아름다운 빛깔과 소리를 낸다.

《회복탄력성》, 김주환 지음, 위즈덤하우스

마음의 근력, 회복탄력성은 역경을 극복하는 힘이다.

인생의 허들을 가뿐히 뛰어넘는 내면의 힘이며, 역경 '덕분에' 위대한 업적을 이룰 수 있다. 할 수 있는 일에 집중하라.

《꿈꾸는 다락방》, 이지성 지음, 국일미디어

생생하게(Vivid) 꿈꾸면(Dream) 이루어진다!(Realization)

우리가 매일 생생하게 꿈꾼다면 두뇌 속에서 어떤 일이 벌어질까?

전두엽의 미래기억을 담당하는 부위가 강력하게 활성화되면서, 꿈의 전기신호를 무의식의 세계로 자극적으로 쏘아댄다. 무의식은 기지개를 켜고 활동하기 시작한다. 이 과정이 반복되면서, 자신도 모르는 사이에 꿈을 현실로 만들 수 있는 능력을 갖게 된다.

《보물지도》, 모치즈키 도시타카 지음, 나라원

커다란 종이에 자신의 꿈을 써넣고, 이미지와 사진을 붙인다. 그런 다음 방에 붙이고 매일 바라보는 일이다.

누구나 알지만 대부분이 실천하지 않는 일!

'목표를 종이에 쓰는 일'

'필요한 일을 행하고 믿으면서 기다리는 일'

'보물지도 만드는 일'

《누가 내 치즈를 옮겼을까?》, 스펜서 존슨 지음, 진명출판

변화에 대처하는 방법.

변화는 항상 일어나고 있다. 변화는 치즈를 계속 옮겨 놓는다.

변화를 예상하라. 치즈가 오래된 것인지 자주 냄새를 맡아 봐라.

변화에 신속히 적응하라. 사라져버린 치즈에 대한 미련을 빨리 버릴수록, 새 치즈를 보다 빨리 발견할 수 있다.

자신도 변해야 한다. 치즈와 함께 움직여라.

변화를 즐겨라. 모험에서 흘러나오는 향기와 새 치즈의 맛을 즐겨라.

《종이 위의 기적, 쓰면 이루어진다》, 헨리에트 앤 클라우저 지음, 한언

당신이 쓰는 순간, 모든 것이 이루어진다.

당신이 펜을 드는 순간, 당신의 삶은 기적처럼 바뀐다.

마치 거짓말처럼!

하루는 피터가 손에 종이 한 장을 든 채 매우 당황해하며 내게 다가왔다.

"방 청소를 하다가 이것을 찾았어요. 2년 전에 썼던 거예요. 그런데 지금 보니 신기하게도 이 목록에 적혀 있는 일이 다 이루어졌네요. 썼다는 사실조차 잊어버리고 있었는데."

《화성에서 온 남자 금성에서 온 여자》, 존 그레이 지음, 친구미디어

화성인이 사는 법.

남자는 목적을 이루는 능력을 통해 자기 존재를 확인한다.

(힘과 능력, 효과 업적을 중시)(사물과 사실)

금성인이 사는 법.

여자는 감정과 인간관계를 통해 자기 존재를 확인한다.

(사랑, 대화, 아름다움, 관계에 높은 가치를 둠)

《자기암시》, 에밀쿠에 지음, 화담

긍정적인 자기암시는 우리의 삶에 근본적이고 유의미한 변화를 일으킨다. 자신의 행동이나 목표, 환경, 인연, 경험까지도 축적의 법칙에 따라 변화하는 것을 체험할 수 있을 것이다.

"나는 날마다 모든 면에서 점점 더 좋아지고 있다!"

《미라클 모닝》, 할 엘로드 지음, 한빛비즈

기적의 1분 : 침묵(삶의 목적을 찾는 침묵의 시간)

기적의 2분 : 다짐(큰 소리로 스스로에게 다짐하는 시간)

기적의 3분 : 상상(행동과 결과를 상상하여 그리는 시간)

기적의 4분 : 기록(생각을 손으로 정리하는 시간)

기적의 5분 : 독서(세상의 모든 지식을 읽어내는 시간)

기적의 6분 : 운동(몸과 마음의 균형을 맞추는 시간)

《아침형 인간》, 사이쇼 히로시 지음, 한스미디어

아침형 인간은

자연의 리듬과 함께 사는 사람이다.

하루를 지배하는 사람이다.

자기의 인생을 다스리는 사람이다.

인생의 목표를 성취해내는 사람이다.

진정한 건강과 행복을 누리는 사람이다.

《거인의 어깨를 빌려라》, 배연국 지음, 지상사

천리마의 꼬리를 타세요.

아이작 뉴턴은 주위에서 어떻게 위대한 발견을 할 수 있었느냐고 묻자 "단지 거인들의 어깨 위에 서 있었기 때문"이라고 대답했습니다.

보통 사람이 거인이 되기는 어렵지만 거인의 어깨에 올라설 수는 있어요. 거인들을 통해 꿈과 지혜를 전수받으세요. 그러면 당신도 더 멀리 세상을 볼 수 있습니다.

《칭찬은 고래도 춤추게 한다》, 켄 블랜차드 외 지음, 21세기북스

칭찬 10계명

1. 칭찬할 일이 생겼을 때 즉시 칭찬하라.
2. 잘한 점을 구체적으로 칭찬하라.
3. 가능한 한 공개적으로 칭찬하라.
4. 결과보다는 과정을 칭찬하라.
5. 사랑하는 사람을 대하듯 칭찬하라.
6. 거짓 없이 진실한 마음으로 칭찬하라.
7. 긍정적인 눈으로 보면 칭찬할 일이 보인다.
8. 일이 잘 풀리지 않을 때 더욱 격려하라.
9. 잘못된 일이 생기면 관심을 다른 방향으로 유도하라.
10. 가끔씩 자기 자신을 칭찬하라.

PART 3

한 자씩 읽지 않고 한줄씩 통으로 보기

독서효과를 높이기 위하여 사전준비하기

습관을 잘 들이면 내 안에 놀라운 변화가 일어난다. 독서도 습관이다. 처음부터 바른 습관을 들이고 시작하는 것이 좋다.

바른 독서습관을 위해서 3단계 준비 단계가 필요하다. 먼저 3초 호흡과 바른 자세이다.

3초 호흡과 바른 자세

3초 호흡은 우리 뇌와 몸을 이완시켜주고, 집중도를 높여주는 역할을 한다. 몇 번의 호흡만으로도 뇌파가 바뀌는 것을 알 수 있다. 독서는 완전한 집중이 필요하기 때문에 잡념을 제거해 주고 잔상을 단절

시키는 호흡이 필수이다. 대부분의 사람들이 평소 무의식적으로 호흡하는 시간은 평균 1.5초 정도이다. 너무 바쁘다 보니 제대로 숨 쉴 시간조차 없이 살고 있다. 1.5초의 빠른 호흡은 사람을 더욱 긴장시키고, 호흡이 거칠어지며, 조급해지기 쉽다. 그래서 3초 호흡으로 긴장을 풀고 이완시켜주는 과정이 독서를 하기 전에 필요하다.

3초 호흡을 할 때, 복식호흡을 권한다. 편안한 마음으로 눈을 감고, 3초간 조금씩 숨을 들이쉬고, 3초간 조금씩 고르게 내쉬는 것이 포인트다. 배가 뿌웅 나올 때까지 3초간 천천히 숨을 들이쉬고, 다시 배가 등에 붙는다는 느낌으로 3초간 천천히 숨을 내쉰다. 처음 복식호흡을 할 때는 손을 배에 올려놓고 '배뻥' 되는 느낌과 배가 '쑤욱' 들어가는 느낌을 번갈아 체험하며 호흡해 본다. 5분~10분 정도 복식호흡을 실시하면 몸과 마음이 이완되어 알파파로 바뀌고 편안해짐을 느낄 수 있다. 복식호흡은 뇌세포와 신경세포가 필요로 하는 산소의 양을 증가시켜주며, 혈액순환을 잘 되게 하여 대뇌의 활동을 돕고 내장의 기능을 강화시켜준다. 복식호흡을 통한 완전한 이완은 부잣집 금고의 열쇠이고, 잠재의식의 열쇠이다. 더불어 건강과 휴식, 활력과 재충전을 준다.

독서를 하는 바른 자세를 위해서 독서대를 사용할 것을 권한다. 책과 적당한 거리를 유지할 수 있는 독서대 위치와 기울기를 조절하고, 독서대 위에 책을 놓은 후 양 손은 책의 하단에 위치한다. 책을 바닥에 놓고 읽으면 뇌를 쉬 피곤하게 하고, 집중력도 떨어져 오랫동안 독서를 지속하기가 어렵다. 처음부터 등을 곧게 세우고 독서대 사용을 하여 책 읽는 바른 자세를 몸에 익히도록 한다. 책 읽는 바른 자세는 다음과 같다.

— 허리와 가슴을 펴고 정면을 응시하고, 무릎은 바닥과 90도 정도로 편하게 벌린다.

— 독서대 위에 책을 놓고 약 30~40cm 전후로 손을 뻗어 잡는다.

— 얼굴은 제본선과 콧날선을 맞추고, 책을 볼 때는 얼굴을 움직이지 말고 안구만 움직인다.

안구 스트레칭과 안구 지압법

다음은 안구 스트레칭과 안구 지압법이다.

독서를 할 때 많은 정보가 눈을 통해 한꺼번에 들어오므로 안구 스트레칭과 안구 지압을 하는 것은 빠른 책읽기 준비 단계에서 필수이다. 처음에 운동을 하면 종아리에 알이 배는 것처럼, 처음에는 눈이 뻑뻑하고 눈물이 날 수도 있으나 이러한 현상들은 눈이 좋아지는 과정이다. 안구 스트레칭은 안구를 동서남북 또는 상하좌우로 이동하며 안구를 돌리는 것이다.

안구 지압법은 손을 비벼 따뜻한 손으로 눈썹뼈와 눈 주위의 혈자리들을 3초씩 꾹꾹 눌러준다. 그리고 머리 전체를 손가락 끝을 세워서 골고루 두드려주고, 손가락을 가지런히 일렬로 하여 머리 위에서 아래로 꾹꾹 눌러준다.

독서에 도움이 되는 명상, 수면, 영양

끝으로 독서습관에 도움이 되는 명상과 수면, 영양이다.

명상도 독서에 큰 도움이 된다. 나는 현재 7년째 하루 20분 정도 명상을 해오고 있다. 아무리 바빠도, 아니 바쁠수록 명상을 꼭 하는 것이, 몰입한 상태에서 빠른 일처리를 할 수 있기 때문에 오히려 효율적이다. 오전 강의를 마치고 오후 업무를 시작하기 전에 명상을 하여 활력을 유지하는 경우가 대부분이지만, 여의치 않을 때는 상황에 맞는 시간에 10분이라도 명상을 하려고 노력한다. 명상을 하고 나면 마음이 차분해지고 머리와 눈이 맑아지는 느낌이 든다. 명상을 하면 잠재의식을 자극하고 기분 좋은 편안한 알파파 상태가 되어 뇌를 맑은 상태로 유지할 수 있다. 기분이 좋으면서도 정신을 차린 상태로 독서를 할 수 있기에 책읽기에 큰 도움이 된다.

편안한 수면은 뇌를 위한 최선의 선택이다.

"잠자는 데 쓸 수 있는 일분일초도 낭비하지 마라."

—프랭크 나이트

바쁜 일상을 살다보니 숙면을 맨 뒤로 미루는 경우가 많다. 그런데 잠을 충분히 못 자게 되면, 컨디션이 떨어지고 머리도 맑지 않아 멍한 상태가 되어 집중도가 현저하게 떨어진다. 결국 투입한 시간에 비해 성과가 나지 않아 비효율적인 결과가 나온다. 7시간 정도의 수면시간을 유지하고 숙면을 취하는 것이 좋다. 또한 우리의 수면을 방해하는 스마트폰 사용을 자제하는 것이 좋다. 전자기기에서 나오는 푸른빛, 특히 수면에 해로운 블루라이트를 차단할 수 있는 무료 어플을 사용해도 좋다.

숙면에는 3초 복식호흡을 하는 것도 도움이 된다. 편안히 누워서, 수면 전과 수면 후에 5분 정도 실시하면 된다. 궁극적으로 숙면은 전반적인 활력의 중심에 있음을 꼭 기억하자. 독서뿐 아니라 행복을 원한다면 수면을 절대 미루지 말고 첫 번째로 삼아, 절대수면 시간 7시간~8시간을 지키자. 수면은 신경활동이 활발하게 이루어지고 독소 제거도 이루어져 잘 자고 나면 기력도 회복되고 인지력과 기억력도 더 좋아짐을 느낄 수 있다.

영양은 "내가 먹는 것이 곧 내 몸이다."라는 생각에 기본을 두고 있다. 요즘 빠르고 맛있는 패스트푸드 섭취가 늘어나고 있는데, 빠른 책 읽기는 엄청난 집중력과 많은 열량을 필요로 하므로 뇌에서는 산소와 포도당을 필요로 한다. 건강한 독서를 위해서 가공식품보다는 자연에서 섭취한 포도당인 과일, 채소, 잡곡류와 그 외에도 견과류, 등푸른 생선, 해조류 등의 섭취를 하는 것이 도움이 된다.

운동을 하기 전에 준비운동을 충분히 하는 것이 운동의 효과를 높일 수 있듯이, 독서를 하기 전에도 사전 단계를 거치면 보다 효율적이고 빠른 독서가 가능해진다. 3초 호흡과 바른 자세, 안구 스트레칭과 안구 지압법, 명상과 수면, 균형 있는 영양 섭취를 통하여 올바른 독서를 지속적으로 해나갈 수 있다.

1Day
1Question

편안한 수면을 위한 세 가지 실천팁은?

1. 매일 꾸준히 걷기와 이완하기(호흡, 기도, 명상 등)
2. 하루를 마치며 감사일기 쓰기(행복한 마음으로 잠들기)
3. 수면을 최우선순위에 두고 수면시간 반드시 확보하기(내 경우 7~8시간)

독서가 주는 달콤한 고통으로 나를 혁명하기

"최선을 다한다는 말을 함부로 쓰지 마라. 최선이란 말은 나의 노력이 나를 감동하게 할 때 쓸 수 있는 말이다."

소설가 조정래님의 말씀을 읽으며 왠지 겸손해지고 위로가 되는 느낌이 들었다. 내가 날마다 '1Day 1Book'을 실행하는 것은 '달콤한 고통'이란 말에 어울리는 표현인 것 같다.

매일 독서를 하는 동안에 높은 산을 오르내리며 온갖 과정을 겪는 것처럼, 저자와 하나가 되어 같은 정신을 공유하고 크고 작은 감동과 여운들을 만날 수 있다. 그것이 때로는 감미롭고 달콤하며 때로는 고통스럽기도 하다. 그럼에도 불구하고 독서가 주는 '달콤한 고통'으로 날마다 새로워지기에 나는 독서를 지속할 수밖에 없다.

이미 3장의 처음 부분에서 독서의 효과를 높이기 위해 충분한 준비 운동을 하였으니 이번에는 시폭 확대 훈련으로 눈의 힘을 기르고, 시근육 단련으로 눈의 이동을 유연하게 만들어보자.

시폭 확대와 시근육 단련하기

시폭 확대 훈련은 시력이나 시신경에 따라 개인차가 있을 수 있으나, 꾸준히 훈련하면 누구나 빠르게 독서하는 능력을 키울 수 있다. 우리의 눈이 볼 수 있는 폭을 넓혀주는 훈련으로 시점좌우이동법, 시점상하이동법, 시점대각선이동법, 시점원확장법 등이 있다. 망막 중심에 있는 시세포의 시폭 범위를 넓히는 훈련이다. 시폭이 확대되어 한 면을 한 번에 볼 수 있게 하는 훈련이다. 노안이나 근시, 난시, 원시, 안구건조증 등도 좋아질 가능성이 있다.

시폭 확대 훈련의 효과는 다음과 같다.

— 눈으로 볼 수 있는 시폭을 넓혀준다.

— 안구 운동이 활발해진다.

— 안구에 힘과 탄력이 생긴다.

— 안구의 움직임이 유연해진다.

— 180도~240도 이내의 물체 움직임을 쉽게 식별할 수 있다.

— 안구의 회전이 최대한 빨라진다.

— 눈의 피로를 풀어준다.

— 눈에 휴식을 준다.

— 직근과 사근의 기능을 조절해 준다.

— 눈동자가 명료해진다.

— 시력을 강화시켜준다.

시근육은 눈을 움직이는 근육인데 종근 4개와 횡근 2개, 모두 6개로 되어 있다. 안구의 동공 바로 뒤에 붙어 있는 볼록렌즈 모양의 수정체는 가까운 곳을 볼 때는 두꺼워지고 먼 곳을 볼 때는 얇아지는데, 이렇게 수정체를 조절하는 것이 시근육이다. 가까운 곳을 긴 시간 보고 나면 멀리 있는 것이 잘 보이지 않게 되는데, 이를 자주 반복하면 근시가 될 가능성이 있다. 시근육이 굳어져 원활히 움직이지 않아 생기는 현상이다. 또한 노화로 인하여 시근육이 탄력을 잃으면 수정체를 잘 당기지 못하게 되는데 이를 원시라 한다. 수정체가 당겨지지 않으니까 가까운 곳이 잘 보이지 않게 된다.

좋은 시력을 유지하기 위해서 시근육을 튼튼히 만드는 것이 필요하다. 시근육이 굳어져 생기는 근시나 시근육이 탄력을 잃어 생기는 원시를 교정하는 방법이 바로 시근육 운동이므로 개인능력에 맞게 꾸준히 훈련하기를 권한다.

이미지형상인지 훈련

이 훈련은 시폭을 확대시켜 이미지를 보고, 빨리 지각할 수 있는 능력을 개발시키는 시지각능력개발 훈련이다. 시지각능력개발 훈련은 어떤 사물이나 활자를 눈으로 빨리 보고 직관적으로 인지하는 훈련이다. 그리하여 눈의 빠른 인지능력을 길러줄 뿐 아니라 단순한 이미지의 반복으로 두뇌의 피로를 덜어준다. 또한 사물을 보는 눈의 식별능력이 예리해지면서 눈의 흐름이 유연해지고 이미지형상인지 훈련을 계속함에 따라 뇌에 빠르게 전달하는 능력이 생기므로 독서를 할 때 인지하는 능력이 매우 빨라진다. 이 훈련을 거듭하면 음독하던 습관이 목독으로 바뀌게 된다. 지금까지 독서할 때 습관적으로 발생하던 속발음에서 목독으로, 즉 속으로 발음하던 습관을 완전히 목독으로 전환해 주는 훈련이다. 이 훈련의 목적은 책을 보면서 글자와 단어들 하나하나를 깊이 사고하던 습관에서 벗어나 안구운동과 더불어 빨리 보고 빨리 이해하기 위해서이다. 그래서 심리적, 시각적으로 전혀 부담이 없는 원이나 사각형 같은 단순한 도형을 이용해서 시지각능력을 발달시키는 것이다.

우뇌는 좌뇌와 달리 눈에 보이는 그대로, 직관적으로 받아들이는 능력이 있다. 이론적으로 따져서 이해하는 게 아니라 그냥 보면서 순간 인지하여 직관적으로 아는 것이다. 이미지형상인지 훈련은 내용을 파악하지 않아도 되는 단순한 도형을 이용해 순간인지능력 향상뿐만 아니라 자연스럽게 시폭 확대 훈련을 할 수 있다.

이미지형상인지 훈련의 효과는 다음과 같다.

— 시지각 범위를 확대시킨다.

— 눈의 흐름이 유연해진다.

— 기호의 식별능력이 최대로 빨라진다.

— 두뇌가 피로하지 않고 눈에 초점이 잘 맺힌다.

— 많은 시간이 걸려야만 이해했던 습관에서 빨리 보고 빨리 이해하고 기억하는 습관으로 바뀌어 나간다.

— 음독, 묵독하던 습관에서 목독으로 바뀐다.

— 도형 훈련을 계속하면 두뇌의 휴식상태가 온다.

심적표상 훈련

단어가 먼저 그리고 이미지다! 심적표상이란 사물, 관념, 정보, 이외에 구체적이든 추상적이든 뇌가 생각하고 있는 대상에 상응하는 심적 구조물이다. 가장 간단한 예는 시각이미지다. 예를 들어 '사과'라는 단어를 보면, 많은 사람들이 즉시 머릿속에서 해당 그림의 이미지를 떠올린다. 이때 머릿속에 떠오른 이미지가 사과에 대한 심적표상이다. 어떤 사람의 심적표상은 다른 사람보다 섬세하고 정확하다. 어떤 사람은 빨간 사과의 이미지를 선명하게 떠올릴 수 있지만, 어떤 사람은 흐릿하거나 대략적인 색깔과 형태만 보인다.

우리가 수행능력을 키우려고 연습하는 어떤 활동에서든, 각자가 활용할 수 있는 더욱 효과적인 심적표상을 만들어내고 발달시키려는 '의식적인 연습'이 꼭 필요하다. 심적표상은 장기기억에 저장되어 있으며, 일반적 상황이 아니라 특정유형의 상황에서 신속하고 효율적으로 반응하기 위해 활용하는, 우리 머릿속에 이미 존재하는 사실, 이미지, 규칙, 관계 등의 정보 패턴이다. 모든 심적표상의 공통점은 인간이 지닌 단기기억의 한계에도 불구하고 다량의 정보를 신속하게 처리할 수 있게 해준다는 것이다. 의식적인 노력으로 심적표상 훈련을 하면 뇌의 신경조직망을 바꿀 수 있다. 고도로 전문화된 심적표상 덕분에 놀라운 기억력, 패턴인식능력, 문제해결능력을 발휘할 수 있게 된다. 기꺼이 시간을 투자하여 의식적인 연습으로 심적표상 훈련을 한다면, 누구라도 잠재능력을 만들 수 있다!

심적표상 훈련의 효과는 다음과 같다.

— 단어가 먼저 그리고 이미지다.

— 머릿속에 원하는 이미지를 그리는 시각화가 잘 이루어진다.

— 눈을 감고 실제 경험하듯 오감을 떠올릴 수 있다.

— 처음엔 단어를 심적표상할 수 있고, 훈련을 통해 문장을 심적표상하여 우뇌로 저장할 수 있다.

— 의식적인 연습으로 심적표상 훈련을 하여 뇌의 신경조직망을 재설계할 수 있다. 결국 잠재력도 만들 수 있다.

10초 인지 훈련법 : 이미지로 기억하기

일상생활을 하면서 어디서든 쉽게 할 수 있는 인지 훈련법이다. 주변을 10초간 빠르게 통으로 인지한 후, 기억나는 단어를 10개 이상 적어보는 훈련방법이다.

통으로 사진 찍듯이 이미지로 기억하는 것이, 단어로 기억하는 것보다 더 많이 더 오랫동안 기억할 수 있다. 시간을 재면서 훈련을 하는 것이 이미지 기억과 인출 효과가 더 크다.

(예 : 10초간 인지하고 30초 이내에 10개 이상 적기)

우리의 목표는, 삶이 성장과 발전으로 이어지도록 계속해서 흐름을 만들어 나가는 것이다!

최고의 방법이 독서다! 오직 신중하게 계획된 연습을 반복하는 것이다. 시폭 확대와 시근육 단련하기, 이미지형상 인지하기와 심적표상 훈련하기, 10초 인지하기 훈련을 꾸준히 하여 독서가 주는 달콤한 고통으로 스스로를 성장시키는 물고를 트기를 바란다.

1Day 1Question

다음 단어를 이미지로 떠올릴 수 있는가?

1. 빨간 사과
2. 사랑하는 사람
3. 말랑말랑

신중하게 계획된 연습의 반복으로 완성도 높이기

미라클독서법 지침으로 신중하게 계획된 연습을 하면, 누구나 한 줄 이상씩 통으로 볼 수 있다. 앞 단계에서 언급한 시폭 확대 훈련과 시근육 강화 훈련을 통하여 시근육이 단련되고 시폭이 상당 부분 확대되었으리라 생각한다. 이제부터 훈련하는 반줄 찍기와 한줄 찍기는 글자보기의 연장이라고 생각하면 된다.

반줄 찍기

반줄 찍기는 시폭을 확대하여 반줄씩 통으로 보는 훈련이다. 반줄 찍기 훈련을 할 때는 문장의 내용을 하나하나 다 이해하려고 하면 안

된다. 글자의 내용을 읽지 않고 빠르게 그림을 보듯이 글자 이미지로 보면서 훈련한다.

한 글자 한 글자를 캐릭터라 생각하고 글자가 어떻게 생겼는지 모양만 인식하면 된다. 내용을 이해하려고 지체하게 되면 속도가 현저히 떨어지게 되니, 이를 무시하고 계속 반줄씩 찍는 훈련을 해야 한다. 계속해서 훈련하다 보면 어느 순간 뇌가 활성화되고 정보처리 속도가 빨라져서, 글자의 내용까지도 '훅' 인지가 되기 시작하는 경험을 하게 된다.

한줄 찍기

한줄 찍기 훈련은 고도의 집중력을 필요로 한다. 훈련에 들어가기 전에 충분히 호흡과 안구 지압 또는 안구 스트레칭을 통하여 준비를 하고 시작하는 게 좋다.

처음에는 눈도 아프고 눈물이 날 수도 있지만 점차로 좋아지면서 이러한 현상들은 빠른 시간에 사라진다. 집중하게 되면 호흡이 느려지고 눈의 아픔도 사라진다. 반줄 찍기가 잘 되면 2/3줄씩 찍기를 훈련하고, 이후에는 한줄 찍기로 계속해서 훈련한다. 처음에는 50% 이하로 인지가 되지만 나중에는 한줄 이상이 새털처럼 가볍게 찍히면서 내용까지 훤하게 인지가 된다. 그때의 기쁨은 말로 표현할 수 없을 만큼 크다.

세줄 찍기

이제부터는 튼튼해진 시근육과 확대된 시폭으로 즐기듯 책을 볼 수 있는 단계다. 독수리처럼 하늘을 유유히 날면서 사물을 보듯 책의 내용을 통으로 세줄씩, 다섯줄씩, 그 이상씩도 인지할 수 있다. 마치 기차를 타고 빠르게 지나가면서 창밖을 내다보면 다 볼 수 있는 것과 같은 이치다.

개인차가 있으므로, 반줄 찍기와 한줄 찍기가 빠르게 되는 수준이 되면, 점차로 3줄 찍기, 5줄 찍기로 개인 능력에 맞게 훈련목표를 높여 나간다. 잠시 책을 멈추고, 훤하게 통으로 책을 보는 모습을 떠올려 보자. 한 자씩 읽지 않고 한줄 이상씩 통으로 찍으니 시간의 여유가 생기고, 시폭도 확대되어 독서뿐만 아니라 세상도 훤하게 통으로 찍을 수 있다.

신중하게 계획된 연습을 하는데 습관은 가장 강력하다. 신중하게 계획된 반복으로 좋은 습관을 만들어 나가자. 책쓰기를 하면서 가장 도움이 되었던 것은 '몰입'의 반복이다. 몰입은 지금 현재의 경험으로 의식을 가득 채운 상태를 말한다. 자나 깨나 먹으나 걸으나 책쓰기 생각을 하는 것이다. 칙센트미하이 교수도 삶을 훌륭하게 가꾸어주는 것은 단순한 행복감이 아니라 깊은 몰입감이라고 말하면서, 몰입에 뒤이어 찾아오는 행복감은 스스로의 힘으로 만들어낸 것이기 때문에 우리의 의식을 한층 고양시킨다고 덧붙인다. 칙센트미하이 교수가 몰입을 느끼기 위한 세 가지 요소로 말하는 적절한 난이도, 명확한 목표, 즉각적 피드백을 통하여 신중하게 계획된 연습을 지속할 수 있다.

미라클독서법 시스템으로 신중하게 계획된 연습을 하여, 한줄씩 통으로 보는 놀라운 경험을 꼭 하기를 진심으로 바란다. 호흡과 안구 스트레칭을 하는 준비 단계와, 이미지형상인지 훈련과 심적표상 훈련을 통하여 시근육을 강화하고 뇌에 심적구조물을 만드는 과정이 꼭 필요하다. 한줄씩 보는 독서법은 소수만이 지닌 특별한 능력이 아니라, 누구나 올바른 지침과 신중하게 계획된 연습으로 획득할 수 있는 유용한 삶의 스킬이다. 반줄 찍기, 한줄 찍기, 세줄 찍기 훈련으로 독서의 기쁨과 시간의 여유를 누리고 세상을 통으로 보는 행복한 경험을 꼭 해보기를 기대한다.

1Day 1Question

반응하는 능력, 마음 쿠션을 만드는 방법은?
1. STC기법(Stop—thinking—choice)
2. 기도와 명상으로 내적근육 만들기
3. 독서를 통해 마음의 공간 키우기

《청소력》, 마쓰다 마쓰히로 지음, 나무 한 그루

'당신이 살고 있는 방이 바로 당신 자신'이다.
당신의 마음이 풍요로움에 넘쳐서 좋은 상태에 있으면, 당신 주변에 좋은 자장을 만들어내어 그 위에 좋은 것이나 풍요로움을 끌어당기는 것이다. 그래서 당신의 마음은 더욱 충만해진다.
청소력의 두가지 종류 : 하나는 적극적으로 더러움을 제거함으로써 마이너스의 에너지를 없애고, 문제를 해결하는 '마이너스를 제거하는 청소력'이다. 다른 하나는 '마이너스를 제거하는 청소력'을 토대로 그 위에 적극적으로 목적을 가진 플러스 에너지를 추가함으로써 강력하게 선한 것을 끌어당기는 '플러스를 끌어당기는 청소력'이다.

《클릭》, 오리 브래프먼, 롬 브래프먼 지음, 리더스북

어떤 사람, 혹은 우리를 둘러싸고 있는 어떤 분위기와 순식간에 연결되는 특별한 순간을 말한다.

클릭 촉진제
취약점, 근접성, 공감대, 유사성, 소속감.

《행복한 아이스크림 가게》, 밥 미글라니 지음, 웅진 지식하우스

행복한 경험을 선사함으로써 고객에게 만족을 주는 것,
이것이야말로 나에게 가장 가치 있는 일이며 동시에 사업을 성공으로 이끌어주는 열쇠였다.

《뿌리 깊은 희망》, 차동엽 지음, 위즈앤비즈

희망은 바라보는 대로 된다.
희망은 말하는 대로 이루어진다.

저것은 벽
어쩔 수 없는 벽이라고 우리가 느낄 때
그때
담쟁이는 말없이 그 벽을 오른다.
물 한 방울 없고 씨앗 한 톨 살아남을 수 없는
저것은 절망의 벽이라고 말할 때
담쟁이는 서두르지 않고 앞으로 나아간다
한 뼘이라도 꼭 여럿이 함께 손을 잡고 올라간다
푸르게 절망을 다 덮을 때까지
바로 그 절망을 잡고 놓지 않는다
저것은 넘을 수 없는 벽이라고 고개를 떨구고 있을 때
담쟁이 잎 하나는 담쟁이 잎 수천 개를 이끌고
결국 그 벽을 넘는다
—도종환, 〈담쟁이〉

《미움받을 용기》, 기시미 이치로. 고가 후미타케 지음, 인플루엔셜

모든 고민은 인간관계에서 비롯된다. 타인에게 미움받는 것을 두려워하지 마라. 모든 것은 용기의 문제다.

"행복해지려면 '미움받을 용기'도 있어야 하네. 그런 용기가 생겼을 때, 자네의 인간관계는 한 순간에 달라질 걸세."

《실행이 답이다》, 이민규 지음, 더난출판사

실행력이 최고의 경쟁력이다!
Think Big! Act Small!(쪼개기)

"우리가 그것을 작은 일로 나눈다면 어떤 것도 특별히 어렵지는 않다."
—헨리포드

모든 위대한 성취에는 첫 번째 작은 시작이 있다. 나의 꿈은 무엇이고, 지금 바로 할 수 있는 첫 번째 작은 시작은 무엇인가?

《몰입》, 황농문 지음, 알에이치코리아

이제는 WORK HARD가 아니라 THINK HARD의 시대다.
"생각하고 집중하고 몰입하라."

몰입에 이르는 다섯 단계
제1단계 | 생각하기 연습_ 20분 생각하기(하루에 5번, 2주 이상 연습)

제2단계 | 천천히 생각하기_ 2시간 생각하기(하루에 한 번, 2주 동안 연습)

제3단계 | 최상의 컨디션 유지_ 최상의 컨디션 유지(하루 종일 생각하기)

제4단계 | 두뇌 활동의 극대화_ 7일간 생각하기

제5단계 | 가치관의 변화_ 한 달 이상의 지속적인 몰입 체험

《레버리지》, 롭 무어 지음, 다산북스

레버리지는 최소한의 노력과 시간으로 현대 과학 기술로부터 최대의 이익을 얻는 방법이고, 삶과 비즈니스를 위해 타인을 활용하는 방법이며, 더 짧은 시간에 더 많은 일을 처리하고, 모든 것을 아웃소싱하고, 이상적인 라이프스타일을 창조하는 방법이다. 한마디로 '최소노력의 법칙'이다.

《희망의 귀환》, 차동엽 지음, 위즈앤비즈

희망을 부르면, 희망은 내게 온다!

"나도 희망한다, 너도 희망하라."

(스페로 스페라: Spero, spera)

《선물》, 스펜서존슨 지음, 랜덤하우스 중앙

〈귀중한 시간을 사용하는 세 가지 방법〉

현재 속에 살기.

행복과 성공을 원한다면 바로 지금 일어나는 것에 집중하라.

소명을 갖고 살면서 바로 지금 중요한 것에 관심을 쏟아라.

과거에서 배우기.

과거보다 더 나은 현재를 원한다면 과거에 일어났던 일을 돌아보라. 그것에서 소중한 교훈을 배워라. 지금부터는 다르게 행동하라.

미래를 계획하기.
현재보다 더 나은 미래를 원한다면 멋진 미래의 모습을 마음속으로 그려라. 그것이 실현되도록 계획을 세워라. 지금 계획을 행동으로 옮겨라.

PART 4

실전!
미라클독서법

미라클독서법은 한 글자씩 읽는 것이 아니라, 이미지처럼 한줄씩 통으로 인지하는 BPR(Brain Photo Reading)독서법이다. BPR 훈련을 위해서, 호흡과 안구스트레칭, 시폭 확대 훈련과 시근육 강화 훈련 등의 준비 단계를 거친다. 이미지형상인지 훈련과 심적표상 훈련, 그림책 훈련 등으로 점차 독서 뇌신경을 만들어 나간다. 줄책 훈련으로 3초 호흡과 함께 브레인포토리딩으로 뇌를 활성화하고 뇌의 정보처리속도를 비약적으로 높인다. 누구나 미라클독서법 시스템을 통한 반복 훈련으로, 독서 뇌신경을 만들고, 한줄 이상씩 통으로 찍으며 여유롭게 독서를 할 수 있다. 비교적 단기간인 1개월~3개월 이내에 훈련기술을 습득할 수 있고 성공적인 훈련 효과를 기대할 수 있다. 시폭 확대, 시근육 강화 및 순간문장인지 능력개발 등 전반적으로 삶의 질을 높이는 매우 유익한 훈련법이다.

독수리처럼 유유히 하늘을 날듯이 여유로운 독서를 하고, 때로는 심플하고 스마트하게 필요한 핵심을 확 낚아채듯이 골라서 읽을 수도 있다. 개인차에 따라 1개월에서 3개월 정도 꾸준히 훈련하면 책을 읽는 시간이 1시간 전후로 빨라지기 때문에, 더 많은 책을 맘껏 읽을 수 있다. 또한 공부를 할 때에도 이 스킬을 적용할 수 있기 때문에 활용도가 매우 높다. 원하는 정보를 신속하게 직관적으로 파악하고 필요한 만큼만 얻을 수 있는, 매우 강력한 필수적인 독서법이다.

3초 호흡법(복식호흡), 안구 스트레칭하기

1단계는 워밍업으로 3초 호흡과 안구 스트레칭을 한다. 먼저 3초 호흡은 복식호흡으로 한다.

3초·6초 복식호흡 : 편안하면서 집중한 상태

눈을 감고 입을 다문 상태로 코로 3초 동안 숨을 들이마시고, 3초 동안 숨을 내쉰다. 이때 주의할 점은 아주 조금씩 천천히, 그리운 듯이 숨을 들이쉬고, 아주 조금씩 숨을 내쉬는 것이 요령이다. 동일한 양을 호흡하되 혀끝은 윗잇몸에 살짝 붙이고 턱은 본인 쪽으로 바짝 당기는 것이 좋다.

독서를 시작하기 전 편안히 앉아 3초 복식호흡을 5~10분 동안 하는 것이 정신집중에 좋다. 5~10분 정도 복식호흡을 하고 나면 몸과 마음이 편안해지고 눈이 맑아진다. 평소에 3초 복식호흡을 자주 하는 것도 좋고, 특히 잠자기 전과 기상 후에 실시하는 것이 건강에 큰 도움이 된다. 다음의 순서에 따라 5분 정도 3초씩 복식호흡을 실시한다.

— 마음을 가다듬고 허리를 쭉 펴고 편안한 자세로 앉는다.

— 혀끝으로 윗몸을 살짝 받친 채 입을 다문다.

— 손바닥은 위로 향한 채 양손을 무릎 위에 가볍게 올려놓는다.

— 어깨에 힘을 빼고 턱을 앞으로 바짝 당기고 온 몸의 힘을 뺀다.

— 1단계 : 3초간 숨을 코로 들이마시고 3초간 코로 내쉰다.

— 2단계 : 3초간 숨을 크게 코로 들이마시고 아랫배 단전에 힘을 주어 숨을 3초간 멈춘 후 입으로 공기를 서서히 3초간 내쉰다.

— 3개월 간은 1단계 3초 호흡, 3개월 이후부터는 5분간 2단계 호흡을 실시한다.

3장의 준비 단계에서 말했듯이 복식호흡을 통한 완전한 이완은, 부잣집 금고의 열쇠이고 잠재의식의 열쇠이다. 더불어 뇌파가 알파파 상태가 되어 편안하고 기분 좋은 상태가 되며, 건강과 휴식, 활력과 재충전을 준다. 3초 호흡을 꾸준히 실시하여 기분 좋으면서도 독서에 집중할 수 있는 충분한 준비를 하는 것이 좋다.

안구 스트레칭하기

아침에 일어나자마자 안구 스트레칭을 5분 정도 실시하는 것이 좋다. 호흡과 함께하는 것도 효과적이다.

안구 스트레칭을 통해 눈의 피로를 풀어주고 눈을 건강하게 만들 수 있다. 하루 종일 모니터 앞에 있거나 이동 중에도 계속 스마트폰을 보는 경우가 많아 눈의 피로를 호소하는 경우가 많다. 눈이 뻑뻑하고 초점이 잘 안 맞고, 작은 글씨가 잘 안 보이고, 아침에 눈을 떴을 때 뿌옇게 보이는 등 여러 가지 증상이 있을 것이다. 눈이 피로하다면 안구 스트레칭을 매일 짬날 때마다 꾸준히 실시하면 점차로 눈 건강에 큰 도움이 된다.

먼저 눈의 피로를 풀어주기 위해서 안구 주변근육을 풀어주는 운동을 한다. 우리 눈에는 6개의 근육이 있다. 안구 주변근육은 수축방향에 따라 곧은근육 4개와 빗근 2개로 구성되어 있다. 4개는 직선방향으로 움직이고 2개는 사선방향으로 움직이는데 그 동작에 따라 눈을 풀어주면 된다.

아래 곧은근 스트레칭

— 두 손을 10초간 비빈 후 손가락 끝을 눈과 광대뼈 사이에 올려놓는다.

— 손을 아래로 당기며 시선을 최대한 위를 향하게 하고 5초간 유지한다.

위 곧은근 스트레칭

— 두 손을 10초간 비빈 후 손가락 끝을 눈썹 바로 위에 올려놓고 살짝 누른다.

— 손을 위로 당기며 시선은 최대한 아래를 향하게 하고 5초간 유지한다.

안·바깥쪽 곧은근 스트레칭

— 두 손을 10초간 비빈 후 손가락 끝을 좌우 관자놀이 위에 올려놓는다.

— 손을 뒤로 잡아당기며 시선을 오른쪽을 향하게 하고 5초, 왼쪽을 향하게 하고 5초간 유지한다.

위·아래빗근 스트레칭

— 두 손을 10초간 비빈 후 손가락 끝을 눈 안쪽(눈물샘)에 올려놓는다.

— 손을 앞쪽으로 잡아당기며 시선은 왼쪽으로 향하게 하고 5초, 오른쪽으로 향하게 하고 5초간 유지한다.

뻑뻑한 눈을 촉촉하게 만드는 운동

건조한 실내에서 오랫동안 일하거나 밝은 모니터를 오랫동안 보고 있을 때 눈이 뻑뻑할 경우가 많다. 이럴 때는 눈을 자주 깜박여줘서 눈물샘을 자극해준다. 눈의 윤활제인 눈물이 각막에 골고루 분비될 수 있게 한다. 안압이 높은 사람도 눈을 자주 깜박여주면 좋은데 눈을 깜박일 때마다 눈 주변에 혈액순환이 촉진되어서 안압 상승을 막아주기 때문이다. 참고로 아침에 눈 뜨자마자 아래의 스트레칭을 하면 하루 종일 눈이 피로하지 않고 잘 보일 것이다.

1단계 : 안구 스트레칭

— 두 팔을 앞으로 뻗고 두 검지를 세운다.

— 왼쪽 눈은 왼쪽 검지, 오른쪽 눈은 오른쪽 검지를 바라본다.

(눈이 피로하지 않도록 양쪽 검지의 간격을 너무 넓지 않게 조절한다.)

— 시선을 유지하면서 손을 시계방향으로 돌린다.

— 원을 점점 크게 회오리처럼 돌리면서 실시한다. 어지럽다면 천천히 실시, 같은 방식으로 반시계방향으로 원을 점점 작게 하여 처음 위치로 와서 마무리한다.

2단계 : 안구 스트레칭

— 두 팔을 앞으로 뻗고 두 검지를 세운다.

— 두 눈으로 왼손 검지를 바라본다.

— 시선을 유지하면서 왼손 검지를 천천히 왼쪽으로 이동시켰다가 제자리로 온다.

— 같은 방식으로 오른손 검지를 오른쪽으로 이동시켰다가 제자리로 온다.

— 시선을 유지하면서 왼손 검지를 천천히 머리 위로 이동시켰다가 제자리, 다시 아래로 이동시켰다가 제자리로 온다.

— 같은 방식으로 오른손 검지를 위, 아래로 이동시켰다가 제자리로 온다.

— 숙달되면 머리는 고정시키고 안구만 움직이도록 한다.

눈건강을 위한 플러스팁

달리는 자동차나 하늘을 나는 새, 장난치는 강아지 등 움직이는 사물을 볼 때, 동선을 따라 시선을 움직여 보는 것도 눈의 건강에 도움이 된다. 한 곳을 너무 오래 쳐다보는 습관부터 고치고, 적어도 1시간에 한 번씩 다른 곳을 보며 눈을 풀어주도록 한다. 화면보호기를 움직이는 화면으로 설정하는 것도 좋은 방법이다.

독서를 시작하기 전에 3초 호흡과 안구 스트레칭을 하는 것은, 운동을 하기 전에 준비운동을 하는 것과 같다. 준비운동이 사고를 막아주고 운동의 효과를 높여주듯이, 3초 호흡과 안구 스트레칭으로 독서의 효과를 최대로 끌어올릴 수가 있다. 바쁘더라도 3초 호흡을 5분 정도 실시하여 이완을 한 후 독서를 하는 것이, 오히려 집중에 큰 도움이 된다. 안구 스트레칭은 아침에 일어나자마자 하는 것이 좋지만, 독서 전이나 눈이 피곤할 때마다 짬짬이 실시한다. 호흡과 안구 스트레칭을 꾸준히 실시하여 당신의 건강을 유지하고, 맛있는 독서도 맘껏 하기를 바란다.

1Day
1Question

소중한 눈건강을 위한 실천팁 세 가지는?
1.일어나자마자 안구지압과 안구 스트레칭하기
2.자연 안에서 걷기와 명상, 나무와 숲 바라보며 휴식
3.블루베리, 아로니아 섭취와 충분한 물 마시기

시폭 확대 훈련과 시근육 강화 훈련

독서를 시작하기 전에 평상시 책 읽는 속도를 체크해 보자. 대부분은 한자 한자씩 이해하면서, 속발음을 하며 읽는 경우가 많겠지만, 본인의 속도를 기록해 나가다보면 성장의 흐름을 느낄 수 있다. 눈으로 보면 관리가 되고, 자극도 받아 추진력도 생긴다.

읽기 시작한 부분을 체크한 후 5분 정도 책을 읽는다. 자신이 읽은 글자 수를 세어 5분으로 나누면 분당 글자 수가 나온다. 더 쉽게 체크하는 방법은 읽은 페이지 수를 파악한 후 그 페이지의 한줄 평균 글자 수와 한 페이지 평균 줄 수를 모두 곱한 뒤 나누기 5분를 하면 된다.

분당 속도 테스트 방법

한줄 평균 글자 수 × 한 페이지 평균 줄 수 × 읽은 페이지 수 ÷ 5분

처음엔 1,000자 미만일 수 있으나 실망하지 마라. 독서법 훈련을 한 달 정도 꾸준히 하면 개인차가 있지만 1,000자~3,000자 이상으로 성장할 수 있다. 3개월에서 6개월 꾸준히 훈련하면 10,000자 이상까지도 성장이 가능하다. 독서력은 어느 한 순간에 이루어지는 것이 아니라 평생을 두고 성장해 가는 것이다. 다만 이 책을 쓴 이유는 시간은 유한하기에 독서법 훈련을 익혀서 세상에 있는 좋은 책들을 좀 더 효과적으로 읽어 당신을 도약할 수 있게 도와주려는 것이다. 그리고 그 성장을 세상과 나누면 된다.

"많은 것을 바꾸고 싶다면 많은 것을 받아들여라."

—사르트르

독서는 많은 것을 받아들이기에 가장 저렴하면서도 가장 손쉬운 유용한 방법이다. 100권의 책을 읽어 보지 않은 사람이 보는 세상과 1만권 이상의 책을 읽은 사람이 보는 세상은 분명히 다르다. 아는 만큼 볼 수 있기 때문이다. 세상을 온전히 제대로 보기 위하여, 독서를 통해 앎의 폭을 넓히고 확장하자. 독서를 많이 하면 할수록 지식의 양보

다는 사고의 질이 향상될 수 있다. 새로운 것이 들어가야 새로운 생각을 할 수 있기 때문이다.

시폭 확인 방법

순간적으로 한줄을 봤을 때 본인이 볼 수 있는 현재 시폭을 확인해 본다. 독서대 위에 책을 펼쳐놓고, 잠시 책이 아닌 한 쪽 벽면을 바라봤다가 책으로 시선을 옮겼을 때 얼마나 보이는지를 체크한다. 이때 한줄에 따옴표, 반점이 있거나 온점이 있는 문장보다는 한줄이 통째로 있는 문장으로 체크하는 게 좋다. 순간적으로 문장부호들이 단절을 만들어 방해하기 때문에 정확한 시폭을 확인하기 위해서는 가급적 이어져 있는 하나의 문장으로 체크해 보는 것이 좋다. 그날의 컨디션에 따라 시폭에 차이가 있을 수 있다. 전날에 음주를 심하게 했거나 몸이 피곤하거나 스마트폰을 많이 한 후에는 시폭이 줄어 있음을 알 수 있다. 그러므로 평소에 건강관리를 잘하는 것이 넓은 시폭을 유지하는 데 도움이 된다.

시폭 확대 훈련

3장에서 독서 효과를 높이기 위한 3초 호흡법과 안구 스트레칭 방법을 자세히 소개했다. 지금부터는 실제로 시야의 범위를 넓히기 위해 망막 중심에 있는 시세포의 시폭 범위를 확대시키는 훈련을 해보겠다. (먼저 둥근 원을 하나 정해 바라보자.)

— 눈을 크게 뜨고 둥근 원의 외각선 전체를 3분간 바라본다.

— 가능한 한 눈을 자주 깜박이지 않는다.

— 선이 흐려지거나 끊어져 보이면 눈에 힘을 주어 바라본다.

— 안쪽 선과 바깥선이 분명하게 구별되어 보여야 하며 눈의 초점은 원의 전체에 둔다.

— 1단계에서 2단계로 가면서 시폭이 점차로 확대된다.

— 이때 3초 호흡을 하는 것이 도움이 된다.

시근육 강화 훈련

시근육은 눈을 움직이는 근육으로 6개로 되어 있다. 안구 주변근육은 수축방향에 따라 곧은 근육 4개, 빗근육 2개로 구성되어 있다. 좋은 시력을 유지하려면 시근육을 튼튼히 해야 한다. 개인차가 있지만 시근육 강화 훈련을 꾸준히 하면 안구 건조증, 노안, 시근육이 굳어져 생기는 근시, 시근육이 탄력을 잃어 생기는 원시, 난시 등에 도움이 된다.

— 콧날 선을 책의 제본선에 맞추고 얼굴은 고정한다.

— 1단계는 숫자 순서에 따라 시선을 좌우로 빠르게 움직이다. (1—2, 3—4 , 5—

6…….)

— 끝까지 가면 다시 거꾸로 올라와 처음 1까지 오면 1번이다.

— 3분에 20회 이상 실시한다.

— 2단계는 숫자 순서에 따라 시선을 상하로 빠르게 움직인다. (1—2, 3—4 , 5—6…….)

— 끝까지 가면 다시 거꾸로 올라와 처음 1까지 오면 1번이다.

— 3분에 20회 이상 실시한다.

— 숫자를 정확하게 보되 부드럽고 빠르게 보도록 한다.

독서를 효과적으로 하기 위해서는 시근육이 튼튼하고 시폭을 확대하는 것이 기본이 된다. 눈이 건강해야 좋은 책을 맘껏 읽을 수 있기 때문이다. 본인의 분당 속도를 파악하고 시폭을 확인한 후 시폭을 확대시키는 훈련과 시근육을 강화하는 훈련을 꾸준히 하자. 책을 읽는 만큼 당신의 사고는 확장되고 세상을 보는 안목 또한 확장되어 간다. 지금 머릿속에 당신의 사고와 안목에 감탄할 날을 그려보며, 행운을 빈다.

1 Day
1 Question

일상 속에서 할 수 있는 시폭 확대 · 시근육 강화 운동은?
1. 가로수, 가로등, 건물 등으로 시근육 운동
2. 텅 빈 공간 바라보며 시폭 확대 훈련
3. 움직이는 사람, 자동차, 강아지 등 바라보며 안구 스트레칭하기

이미지형상인지, 심적표상, 그림책 훈련

우리에게는 우뇌와 좌뇌가 있다. 우뇌는 직관적으로 받아들이는 능력이 있다. 일일이 분석하고 난 후 이해하는 것이 아니라 그냥 인지하고 아는 것이다. 4장은 실전 단계로 이미지형상인지 훈련, 심적표상 훈련, 그림책 훈련 등을 다룰 예정이다.

심적표상 훈련은 머릿속에 심적 구조물을 만드는 훈련이다. 의식적인 연습을 통해 뇌의 신경조직망을 재설계하여 잠재력을 만들어 갈 수 있는 강력한 방법이다.

이미지형상인지 훈련은 내용 파악을 하지 않고, 단순한 도형을 활용하여 우뇌에 상이미지을 만들고, 자연스럽게 시폭을 확대하는 훈련이다. 의미 파악을 하지 않아도 되므로 단순하게 이미지만 인지하며 시폭을 확대하는 데만 신경을 쓰고 훈련하면 된다. 가랑비에 옷이 젖듯 자연스럽게 뇌에 이미지가 만들어지고 시폭이 확대되며 반복 훈련 효과는 매우 크다. 그림책 훈련은 순간인지능력과 직관력을 키우고, 한줄 찍기의 기본 감을 쉽고 빠르고 즐겁게 익힐 수 있다.

심적표상 훈련

심적표상 훈련은 사물, 관념, 정보, 이외에 구체적이든 추상적이든 뇌가 생각하고 있는 대상에 상응하는 심적 구조물이다. 가장 간단한 예는 시각 이미지다. 어떤 사람의 심적표상은 다른 사람보다 섬세하고 정확하다. 단어가 먼저 그리고 이미지다.

— 먼저 사과 이미지를 떠올려 보자. 어떤 사람은 빨간 사과의 이미지를 선명하게 떠올릴 수 있지만, 어떤 사람은 흐릿하거나 대략적인 색깔과 형태가 보인다. 훈련을 통해 보다 선명한 이미지를 그릴 수 있게 된다.

— 빨강, 말랑말랑, 새콤달콤, 똑딱똑딱, 향긋한 이미지를 떠올려 보자. 시각, 청각, 후각, 미각, 촉각 등 단어에 해당하는 이미지를 저마다 다르게 떠올렸을 것이다. 처음엔 단어로 시작해서 점차로 문장으로 확대하며 심적표상 훈련을 할 수 있다.

이미지형상인지 훈련

— 제본선과 콧날 중심선을 맞춘다.

— 얼굴은 정면을 향하고 눈만 움직이며 훈련한다.

— 먼저 5칸 보기를 실시하고, 6칸, 7칸, 8칸,…… 이런 식으로 점점 늘려 나간다. 나중에는 한 번에 10칸 한줄 보기, 세줄 보기, 다섯줄 보기……. 점점 여러 줄을 보게 되고 한 페이지까지 보게 되면 이미지형상인지 훈련은 완성된다.

10칸의 ○와 □를 5칸씩 끊어서 보기

●○○○○/○○○○● ●○○○○/○○○○● ●○○○○/○○○○●

■□□□□/□□□□■ ■□□□□/□□□□■ ■□□□□/□□□□■

●○○○○/○○○○● ●○○○○/○○○○● ●○○○○/○○○○●

■□□□□/□□□□■ ■□□□□/□□□□■ ■□□□□/□□□□■

●○○○○/○○○○● ●○○○○/○○○○● ●○○○○/○○○○●

■□□□□/□□□□■ ■□□□□/□□□□■ ■□□□□/□□□□■

●○○○○/○○○○● ●○○○○/○○○○● ●○○○○/○○○○●

■□□□□/□□□□■ ■□□□□/□□□□■ ■□□□□/□□□□■

●○○○○/○○○○● ●○○○○/○○○○● ●○○○○/○○○○●

■□□□□/□□□□■ ■□□□□/□□□□■ ■□□□□/□□□□■

●○○○○/○○○○● ●○○○○/○○○○● ●○○○○/○○○○●

■□□□□/□□□□■ ■□□□□/□□□□■ ■□□□□/□□□□■

●○○○○/○○○○● ●○○○○/○○○○● ●○○○○/○○○○●

■□□□□/□□□□■ ■□□□□/□□□□■ ■□□□□/□□□□■

●○○○○/○○○○● ●○○○○/○○○○● ●○○○○/○○○○●

■□□□□/□□□□■ ■□□□□/□□□□■ ■□□□□/□□□□■

●○○○○/○○○○● ●○○○○/○○○○● ●○○○○/○○○○●

■□□□□/□□□□■ ■□□□□/□□□□■ ■□□□□/□□□□■

●○○○○/○○○○● ●○○○○/○○○○● ●○○○○/○○○○●

■□□□□/□□□□■ ■□□□□/□□□□■ ■□□□□/□□□□■

10칸의 ○와 □를 6칸/4칸씩 끊어서 보기

●○○○○○/○○○● ●○○○○○/○○○● ●○○○○○/○○○●
■□□□□□/□□□■ ■□□□□□/□□□■ ■□□□□□/□□□■
●○○○○○/○○○● ●○○○○○/○○○● ●○○○○○/○○○●
■□□□□□/□□□■ ■□□□□□/□□□■ ■□□□□□/□□□■
●○○○○○/○○○● ●○○○○○/○○○● ●○○○○○/○○○●
■□□□□□/□□□■ ■□□□□□/□□□■ ■□□□□□/□□□■
●○○○○○/○○○● ●○○○○○/○○○● ●○○○○○/○○○●
■□□□□□/□□□■ ■□□□□□/□□□■ ■□□□□□/□□□■
●○○○○○/○○○● ●○○○○○/○○○● ●○○○○○/○○○●
■□□□□□/□□□■ ■□□□□□/□□□■ ■□□□□□/□□□■
●○○○○○/○○○● ●○○○○○/○○○● ●○○○○○/○○○●
■□□□□□/□□□■ ■□□□□□/□□□■ ■□□□□□/□□□■
●○○○○○/○○○● ●○○○○○/○○○● ●○○○○○/○○○●
■□□□□□/□□□■ ■□□□□□/□□□■ ■□□□□□/□□□■
●○○○○○/○○○● ●○○○○○/○○○● ●○○○○○/○○○●
■□□□□□/□□□■ ■□□□□□/□□□■ ■□□□□□/□□□■
●○○○○○/○○○● ●○○○○○/○○○● ●○○○○○/○○○●
■□□□□□/□□□■ ■□□□□□/□□□■ ■□□□□□/□□□■
●○○○○○/○○○● ●○○○○○/○○○● ●○○○○○/○○○●
■□□□□□/□□□■ ■□□□□□/□□□■ ■□□□□□/□□□■

10칸의 ○와 □를 7칸/3칸씩 끊어서 보기

●○○○○○○/○○● ●○○○○○○/○○● ●○○○○○○/○○●

■□□□□□□/□□■ ■□□□□□□/□□■ ■□□□□□□/□□■

●○○○○○○/○○● ●○○○○○○/○○● ●○○○○○○/○○●

■□□□□□□/□□■ ■□□□□□□/□□■ ■□□□□□□/□□■

●○○○○○○/○○● ●○○○○○○/○○● ●○○○○○○/○○●

■□□□□□□/□□■ ■□□□□□□/□□■ ■□□□□□□/□□■

●○○○○○○/○○● ●○○○○○○/○○● ●○○○○○○/○○●

■□□□□□□/□□■ ■□□□□□□/□□■ ■□□□□□□/□□■

●○○○○○○/○○● ●○○○○○○/○○● ●○○○○○○/○○●

■□□□□□□/□□■ ■□□□□□□/□□■ ■□□□□□□/□□■

●○○○○○○/○○● ●○○○○○○/○○● ●○○○○○○/○○●

■□□□□□□/□□■ ■□□□□□□/□□■ ■□□□□□□/□□■

●○○○○○○/○○● ●○○○○○○/○○● ●○○○○○○/○○●

■□□□□□□/□□■ ■□□□□□□/□□■ ■□□□□□□/□□■

●○○○○○○/○○● ●○○○○○○/○○● ●○○○○○○/○○●

■□□□□□□/□□■ ■□□□□□□/□□■ ■□□□□□□/□□■

●○○○○○○/○○● ●○○○○○○/○○● ●○○○○○○/○○●

■□□□□□□/□□■ ■□□□□□□/□□■ ■□□□□□□/□□■

●○○○○○○/○○● ●○○○○○○/○○● ●○○○○○○/○○●

■□□□□□□/□□■ ■□□□□□□/□□■ ■□□□□□□/□□■

10칸의 ○와 □를 8칸/2칸씩 끊어서 보기

●○○○○○○○/○●　●○○○○○○○/○●　●○○○○○○○/○●

■□□□□□□□/□■　■□□□□□□□/□■　■□□□□□□□/□■

●○○○○○○○/○●　●○○○○○○○/○●　●○○○○○○○/○●

■□□□□□□□/□■　■□□□□□□□/□■　■□□□□□□□/□■

●○○○○○○○/○●　●○○○○○○○/○●　●○○○○○○○/○●

■□□□□□□□/□■　■□□□□□□□/□■　■□□□□□□□/□■

●○○○○○○○/○●　●○○○○○○○/○●　●○○○○○○○/○●

■□□□□□□□/□■　■□□□□□□□/□■　■□□□□□□□/□■

●○○○○○○○/○●　●○○○○○○○/○●　●○○○○○○○/○●

■□□□□□□□/□■　■□□□□□□□/□■　■□□□□□□□/□■

●○○○○○○○/○●　●○○○○○○○/○●　●○○○○○○○/○●

■□□□□□□□/□■　■□□□□□□□/□■　■□□□□□□□/□■

●○○○○○○○/○●　●○○○○○○○/○●　●○○○○○○○/○●

■□□□□□□□/□■　■□□□□□□□/□■　■□□□□□□□/□■

●○○○○○○○/○●　●○○○○○○○/○●　●○○○○○○○/○●

■□□□□□□□/□■　■□□□□□□□/□■　■□□□□□□□/□■

●○○○○○○○/○●　●○○○○○○○/○●　●○○○○○○○/○●

■□□□□□□□/□■　■□□□□□□□/□■　■□□□□□□□/□■

●○○○○○○○/○●　●○○○○○○○/○●　●○○○○○○○/○●

■□□□□□□□/□■　■□□□□□□□/□■　■□□□□□□□/□■

10칸의 ○와 □를 9칸/1칸씩 끊어서 보기

●○○○○○○○○/● ●○○○○○○○○/● ●○○○○○○○○/●

■□□□□□□□□/■ ■□□□□□□□□/■ ■□□□□□□□□/■

●○○○○○○○○/● ●○○○○○○○○/● ●○○○○○○○○/●

■□□□□□□□□/■ ■□□□□□□□□/■ ■□□□□□□□□/■

●○○○○○○○○/● ●○○○○○○○○/● ●○○○○○○○○/●

■□□□□□□□□/■ ■□□□□□□□□/■ ■□□□□□□□□/■

●○○○○○○○○/● ●○○○○○○○○/● ●○○○○○○○○/●

■□□□□□□□□/■ ■□□□□□□□□/■ ■□□□□□□□□/■

●○○○○○○○○/● ●○○○○○○○○/● ●○○○○○○○○/●

■□□□□□□□□/■ ■□□□□□□□□/■ ■□□□□□□□□/■

●○○○○○○○○/● ●○○○○○○○○/● ●○○○○○○○○/●

■□□□□□□□□/■ ■□□□□□□□□/■ ■□□□□□□□□/■

●○○○○○○○○/● ●○○○○○○○○/● ●○○○○○○○○/●

■□□□□□□□□/■ ■□□□□□□□□/■ ■□□□□□□□□/■

●○○○○○○○○/● ●○○○○○○○○/● ●○○○○○○○○/●

■□□□□□□□□/■ ■□□□□□□□□/■ ■□□□□□□□□/■

●○○○○○○○○/● ●○○○○○○○○/● ●○○○○○○○○/●

■□□□□□□□□/■ ■□□□□□□□□/■ ■□□□□□□□□/■

●○○○○○○○○/● ●○○○○○○○○/● ●○○○○○○○○/●

■□□□□□□□□/■ ■□□□□□□□□/■ ■□□□□□□□□/■

10칸의 ○와 □를 한번에 10칸씩 보기

●○○○○○○○○● ●○○○○○○○○● ●○○○○○○○○●

■□□□□□□□□■ ■□□□□□□□□■ ■□□□□□□□□■

●○○○○○○○○● ●○○○○○○○○● ●○○○○○○○○●

■□□□□□□□□■ ■□□□□□□□□■ ■□□□□□□□□■

●○○○○○○○○● ●○○○○○○○○● ●○○○○○○○○●

■□□□□□□□□■ ■□□□□□□□□■ ■□□□□□□□□■

●○○○○○○○○● ●○○○○○○○○● ●○○○○○○○○●

■□□□□□□□□■ ■□□□□□□□□■ ■□□□□□□□□■

●○○○○○○○○● ●○○○○○○○○● ●○○○○○○○○●

■□□□□□□□□■ ■□□□□□□□□■ ■□□□□□□□□■

●○○○○○○○○● ●○○○○○○○○● ●○○○○○○○○●

■□□□□□□□□■ ■□□□□□□□□■ ■□□□□□□□□■

●○○○○○○○○● ●○○○○○○○○● ●○○○○○○○○●

■□□□□□□□□■ ■□□□□□□□□■ ■□□□□□□□□■

●○○○○○○○○● ●○○○○○○○○● ●○○○○○○○○●

■□□□□□□□□■ ■□□□□□□□□■ ■□□□□□□□□■

●○○○○○○○○● ●○○○○○○○○● ●○○○○○○○○●

■□□□□□□□□■ ■□□□□□□□□■ ■□□□□□□□□■

●○○○○○○○○● ●○○○○○○○○● ●○○○○○○○○●

■□□□□□□□□■ ■□□□□□□□□■ ■□□□□□□□□■

그림책 훈련

그림책 훈련을 시작하기 전에 카드 게임으로 이미지 순간 인지능력을 재미있게 익힌다. 그림책 훈련을 통해 이미지에 대한 직관력을 높이고 순간적으로 문장을 인지하는 능력의 기본 감을 기를 수 있다.

1. 카드, 시트지 활용

— 카드나 시트지를 90도 회전하여, 빠르게 넘기면서 글자와 그림을 통으로 인지한다.

— 카드나 시트지를 180도 회전하여, 빠르게 넘기면서 글자와 그림을 통으로 인지한다.

— 2~3명씩 짝을 지어, 게임처럼 인지 훈련을 진행한다.

2. 그림책 활용

그림책을 이용한 훈련도 문장을 통으로 보는 인지능력을 키우는데 큰 도움이 된다.

— 10초~15초 동안 그림책을 빠르게 넘긴 후 기억나는 단어를 30초 동안 적는다.

— 단어 적기를 3회 실시한 후 워크북에 있는 문제를 푼다. 또는 본인이 문제를 직접 만들거나 짝꿍과 문제를 내면서 훈련해도 좋다.

— 마지막으로 기억나는 줄거리를 3줄 이상 적어본다.

이미지형상인지 훈련, 심적표상 훈련 , 그림책 훈련 등을 매일 반복해서 훈련한다.

1Day
1Question

일상 속에서 할 수 있는 심적표상 훈련은?

1. 눈감고 가족의 얼굴 또는 가족사진 떠올리기
2. 시각, 청각, 촉각, 후각, 미각 등 단어를 정하고 이미지 떠올리기
3. 그림책에 있는 그림 보고 이미지 기억하기

반줄 찍기, 한줄 찍기, 세줄 찍기

우리는 시폭 확대 훈련, 시근육 강화 훈련, 이미지형상인지 훈련과 심적표상 훈련의 단계를 지나며 꾸준히 훈련을 해왔다. 이제부터는 반줄씩 통으로 찍기를 해보자. 개인차가 있으므로 이미 뇌가 활성화되어 한줄이 보이는 사람도 있을 수 있다.

반줄 찍기

— 얼굴은 정면을 응시하고 초점은 가운데 검은 고정점을 바라본다.

— 편하게 응시하며 가볍게 위에서 아래로 차례대로 찍어나간다.

step1 : 기호로 반줄 찍기(3분)

※ 반줄 찍기를 끝까지 진행한 후 다시 거꾸로 올라온다.

♥ · ♠
⊙ · ★
♣ · ◈
☎ · ◐
♨ · ♬
♥ · ♠
⊙ · ★
♣ · ◈
☎ · ◐
♨ · ♬
♥ · ♠
⊙ · ★
♣ · ◈
☎ · ◐
♨ · ♬
♥ · ♠
⊙ · ★
♣ · ◈
☎ · ◐
♨ · ♬

♥ · ♠
⊙ · ★
♣ · ◈
☎ · ◐
♨ · ♬
♥ · ♠
⊙ · ★
♣ · ◈
☎ · ◐
♨ · ♬
♥ · ♠
⊙ · ★
♣ · ◈
☎ · ◐
♨ · ♬
♥ · ♠
⊙ · ★
♣ · ◈
☎ · ◐
♨ · ♬

♥ · ♠
⊙ · ★
♣ · ◈
☎ · ◐
♨ · ♬
♥ · ♠
⊙ · ★
♣ · ◈
☎ · ◐
♨ · ♬
♥ · ♠
⊙ · ★
♣ · ◈
☎ · ◐
♨ · ♬
♥ · ♠
⊙ · ★
♣ · ◈
☎ · ◐
♨ · ♬

step2 : 한 단어로 반줄 찍기(3분)

※ 반줄 찍기를 끝까지 진행한 후 다시 거꾸로 올라온다.

행·복	행·복	행·복
사·랑	사·랑	사·랑
열·정	열·정	열·정
성·실	성·실	성·실
감·사	감·사	감·사
행·복	행·복	행·복
사·랑	사·랑	사·랑
열·정	열·정	열·정
성·실	성·실	성·실
감·사	감·사	감·사
행·복	행·복	행·복
사·랑	사·랑	사·랑
열·정	열·정	열·정
성·실	성·실	성·실
감·사	감·사	감·사
행·복	행·복	행·복
사·랑	사·랑	사·랑
열·정	열·정	열·정
성·실	성·실	성·실
감·사	감·사	감·사

step3 : 두 단어로 반줄 찍기(3분)

※ 반줄 찍기를 끝까지 진행한 후 다시 거꾸로 올라온다.

사랑 · 행복
평화 · 은총
봉사 · 나눔
열정 · 성공
운동 · 건강
사랑 · 행복
평화 · 은총
봉사 · 나눔
열정 · 성공
운동 · 건강
사랑 · 행복
평화 · 은총
봉사 · 나눔
열정 · 성공
운동 · 건강
사랑 · 행복
평화 · 은총
봉사 · 나눔
열정 · 성공
운동 · 건강

사랑 · 행복
평화 · 은총
봉사 · 나눔
열정 · 성공
운동 · 건강
사랑 · 행복
평화 · 은총
봉사 · 나눔
열정 · 성공
운동 · 건강
사랑 · 행복
평화 · 은총
봉사 · 나눔
열정 · 성공
운동 · 건강
사랑 · 행복
평화 · 은총
봉사 · 나눔
열정 · 성공
운동 · 건강

사랑 · 행복
평화 · 은총
봉사 · 나눔
열정 · 성공
운동 · 건강
사랑 · 행복
평화 · 은총
봉사 · 나눔
열정 · 성공
운동 · 건강
사랑 · 행복
평화 · 은총
봉사 · 나눔
열정 · 성공
운동 · 건강
사랑 · 행복
평화 · 은총
봉사 · 나눔
열정 · 성공
운동 · 건강

step4 : 짧은 문장으로 반줄 찍기(3분)

※ 반줄 찍기를 끝까지 진행한 후 다시 거꾸로 올라온다.

사랑은 열매를 · 맺는다
평화의 마음을 · 누리다
봉사와 나눔을 · 실천하다
열정의 온도를 · 유지하다
독서는 마음의 · 양식이다
사랑은 열매를 · 맺는다
평화의 마음을 · 누리다
봉사와 나눔을 · 실천하다
열정의 온도를 · 유지하다
독서는 마음의 · 양식이다
사랑은 열매를 · 맺는다
평화의 마음을 · 누리다
봉사와 나눔을 · 실천하다
열정의 온도를 · 유지하다
독서는 마음의 · 양식이다
사랑은 열매를 · 맺는다
평화의 마음을 · 누리다
봉사와 나눔을 · 실천하다
열정의 온도를 · 유지하다
독서는 마음의 · 양식이다

사랑은 열매를 · 맺는다
평화의 마음을 · 누리다
봉사와 나눔을 · 실천하다
열정의 온도를 · 유지하다
독서는 마음의 · 양식이다
사랑은 열매를 · 맺는다
평화의 마음을 · 누리다
봉사와 나눔을 · 실천하다
열정의 온도를 · 유지하다
독서는 마음의 · 양식이다
사랑은 열매를 · 맺는다
평화의 마음을 · 누리다
봉사와 나눔을 · 실천하다
열정의 온도를 · 유지하다
독서는 마음의 · 양식이다
사랑은 열매를 · 맺는다
평화의 마음을 · 누리다
봉사와 나눔을 · 실천하다
열정의 온도를 · 유지하다
독서는 마음의 · 양식이다

한줄 찍기

반줄 찍기가 완성되면 책으로 긴 반줄 찍기와 한줄 찍기 훈련을 해 본다.

한줄을 한 번에 보며 가볍게 찍어나간다. 이때 이해하려 들지 말고, 순간적으로 인지하며 찍는다. 자세히 이해하려 들면 시간이 지체되고 실력이 늘지 않는다. 처음에는 50% 정도만 인지한다는 느낌으로 반복해서 찍다 보면 점점 인지가 잘 되는 것을 느낄 수 있다. 한줄씩 통으로 찍으며 끝까지 진행한 후 다시 거꾸로 올라온다.

나는 날마다 모든 면에서 점점 더 좋아지고 있다.

내가 하는 모든 일은 성공적이다.

나는 하는 일의 열매는 다른 사람의 나무에서 열린다.

제자가 준비되면 반드시 스승이 나타난다.

독서란 나를 성장시킬 한 문장을 찾는 과정이다.

세줄 찍기

한줄 읽기가 완성되면 두줄 이상씩 늘려서 찍는 훈련을 한다.

나는 날마다 모든 면에서 점점 더 좋아지고 있다.

내가 하는 모든 일은 성공적이다.

나는 하는 일의 열매는 다른 사람의 나무에서 열린다.

나는 날마다 모든 면에서 점점 더 좋아지고 있다.

내가 하는 모든 일은 성공적이다.

나는 하는 일의 열매는 다른 사람의 나무에서 열린다.

숙달되면 세줄~다섯줄씩 단락으로 찍는 것도 가능하다. 신중하게 계획된 연습의 반복으로 한줄 이상씩 통으로 찍기를 완성할 수 있다. 세상에서 최고의 전략은 '꾸준함'이다. 그리고 절실한 사람만이 꾸준한 실천을 할 수 있다. 행운을 빈다!

1Day 1Question

일상 속에서 할 수 있는 반줄 찍기, 한줄 찍기 훈련은?
1. 카톡 내용 한줄 찍기, 두줄 찍기, 세줄 찍기
2. 이메일 내용 확인 시 긴 반줄 찍기
3. 주변 간판이나 현수막, 뉴스 자막 통으로 찍기

BPR, 브레인 포토리딩

책은 눈으로만 읽는 지각과정이 아니라 뇌로도 읽는 사고과정이다. 사실상 독서의 속도는 눈의 지각속도가 아니라 뇌의 생각속도인 것이다. 우리가 보이는 것을 읽는 것이 아니라 뇌가 생각하고 있는 것을 읽고 있다고 인식할 뿐이다. 그래서 뇌의 생각속도를 활용해 뇌로 독서를 하면 눈으로만 읽을 때보다 훨씬 쉽고 빠르게 더 방대하게 읽을 수 있다. 그러기 위해서는 좌·우뇌를 다 활용하는 것이 좋은데, 특히 우뇌 훈련법을 배우도록 해야 한다. 왜냐하면 이미 평소에 좌뇌를 활용해서 책을 읽고 있기 때문이다.

우뇌가 통제하는 왼쪽 눈은 전체를 통으로 하나의 이미지처럼 보는 것이고, 좌뇌가 통제하는 오른쪽 눈은 어느 하나에 초점을 맞추어 작은 것을 정확히 보는 것이다. 우뇌를 활용해 독서를 한다는 것이 다소 생소할 수 있지만, 훈련을 통해 엄청난 독서 스킬을 익힐 수 있다. 거의 무한한 능력이라고 말할 수 있다.

3초 포토리딩(3분)

책을 읽기 전에 호기심과 질문을 불러일으키는 과정이다. 책의 앞표지, 뒤표지, 목차 등을 살펴본 후, MP3 3초 알림소리에 맞춰 가볍게 책장을 넘기며 양 페이지를 사진 찍듯이 본다. 오른쪽 대각선 방향으로 엄지손가락을 끌어올리면서 책장을 넘기면, 약간의 틈이 만들어지기 때문에 넘기기가 더 쉽다.

'똑딱, 똑딱, 똑딱' 3초라는 시간 동안 책의 양 페이지 전체를 편하게 보면서 눈에 띄는 소제목이나 확 들어오는 단어 몇 개 정도만 보면 된다. 이때 확 들어오는 단어의 이미지를 잠시 이미지로 떠올려 보는 심적표상 훈련을 병행한다.

궁금증이나 호기심을 불러일으키는 내용이 있으면 해당 페이지 오른쪽 하단의 귀를 살짝 접은 후 계속 넘기기를 진행한다. 메모를 하기보다는 흐름을 끊지 않고 계속해서 빠르게 보는 것이 더 효과적이기 때문이다. 이때, 쪼개어 작은 목표를 만들어 훈련을 진행하는 것이 좋다. 100페이지씩 징검다리를 만들어 포스트잇을 붙이고 훈련하면 끝까지 넘기는데 약 2분~3분 정도 소요된다.

타이머를 이용하여 시간을 설정하고 훈련을 진행하면 뇌가 시간 안에 임무를 수행하려 들기 때문에 훨씬 집중이 잘 된다. 귀를 접어 놓았거나 궁금했던 내용을 읽을 때, 책의 내용이 80% 이상 잘 흡수되기 때문에 '3초 포토리딩'은 뇌를 활성화시켜 뇌의 정보처리속도를 높이고 호기심을 유발하여 책의 내용을 자기 것으로 만들 수 있는 매우 좋은 방법이다.

독서란 새로운 것과 이미 아는 것 사이에 다리를 만드는 과정이다. 즉, 사전 지식과 새 정보를 통합하는 과정이다. 3초 포토리딩을 통해 새로운 호기심과 질문을 하며 생각을 확장해보자. 내가 아는 것은 무엇인가? 내가 알고 싶은 것은 무엇인가?

왼쪽 눈으로 거꾸로 읽기(10분)

이 과정에서는 훈련용 안경을 하나 준비하여, 왼쪽 안경알을 빼내고, 오른쪽 안경알은 검정색 색종이나 시트지를 붙여서 안 보이게 막아버린다. 독서대 위에 책을 거꾸로 놓은 후, 왼쪽 눈으로만 반줄씩 찍어나간다.

거꾸로 읽기 훈련은, 강제로 우뇌를 자극할 뿐만 아니라, 속발음을 막아주고 집중하여 책을 보게 한다. 그리고 글자 한 자 한 자를 마치 캐릭터처럼 이미지로 인지하게 한다. 똑바로 보나 거꾸로 보나 같은 글자라는 것을 뇌가 인지하는 것이다. 집중하여 거꾸로 책을 볼 때 약

훈련용 안경을 쓰고 왼쪽 눈으로 거꾸로 읽기 훈련을 하는 수강생들

간 어지럽거나 눈이 뻑뻑할 수 있다.

거꾸로 보기 10분 훈련을 마친 후에는, 3초 호흡을 5분 정도 실시하고 안구 지압을 하며 잠시 휴식을 취한다.

바로 보기(10분 이상)

책을 똑바로 보면서 독서를 한다. 본인의 능력에 맞게 반줄, 한줄, 세줄 이상씩 찍으며 독서를 하면 된다. 3초 포토리딩과 거꾸로 보기 훈련 후 독서를 하면, 시폭이 훨씬 넓어지고, 편하게 잘 보인다. 무거운 짐을 들다가 가벼운 짐을 들면 쉽게 느껴지는 것처럼, 거꾸로 보기에 비해 똑바로 보기는 매우 쉬운 과제로 여겨진다. 이제부터는 유유히 독수리가 하늘을 날듯이 책의 글자들을 한줄씩 또는 세줄씩 찍으며 독서를 즐기면 된다. 이때, 시간을 설정하고 당신의 독서시간을 체크하며 기록해 보기를 권한다. 데드라인을 정하면 뇌가 목표를 달성하려 하기 때문에 더욱 빠른 독서가 가능하다.

읽은 책의 내용들이 다 기억나지 않는다고 조바심 낼 필요도 없다.

당신이 지금 당장 기억하지 못하는 것도 당신의 뇌에 차곡차곡 저장되어 있다고 생각하고 마음을 편안하게 먹길 권한다. 게다가 책은 당신에게 늘 친절하고 수용적이다. 언제든 마음만 먹으면 책을 가져다 펼쳐 보기만 하면 되니까 말이다. 한마디로 책은 당신의 스승이고 친구이기도 하지만 신하이기도 하다. 그것도 365일 24시간 준비된 신하라고나 할까!

이제부터는 책에 대한 거룩한 부담감 대신 자유로움을 가지라고 말하고 싶다. 책에 끌려 다니지 말고 책을 신하처럼 또는 편한 친구처럼 대하라. 어떤 책은 약 20퍼센트만 섭취해도 좋다. 이미 아는 내용들이 많으면 과감히 넘겨도 좋다. 왜냐하면 시간은 유한하니까! 어떤 책은 처음부터 끝까지 무조건 읽는 방법보다는 필요한 부분을 여러 번 반복해서 읽는 것이 더 효과적일 수 있음을 말해둔다. 사람이 각자 다 다르듯 책도 그 가치에 맞게 다 다르게 읽어야 하는 것이다. 책은 언제나 당신에게 모든 것을 줄 준비가 되어 있다!

책읽기의 진실

1. 책은 여러 번 반복해서 읽어야 자기 지식이 된다.

2. 빠르게 읽으면 두뇌가 활성화된다.

3. 빠르게 읽을수록 집중력이 향상된다.

4. 빠르게 읽을수록 두뇌기억으로 남기기에 더 효과적이다.

5. 빨리 읽을수록 책을 전체적으로 더 정확하게 이해할 수 있다.

—《포토리딩》 중에서

1 Day
1 Question

긍정적 인간관계를 위한 실천팁은?

1. 자기 자신을 먼저 알기
2. 상대방의 강점에 집중하기
3. 좋은 이야기나 칭찬, 감사하기(인간관계의 윤활유)
4. 시간을 선물하기(가장 아름다운 선물)
5. 질문하기(관심이 있으면 질문이 생김)

일상에서의 독서팁

요즘엔 스마트폰과 인터넷으로 뉴스, 전자책 등 클릭 몇 번만으로도 수많은 정보를 습득할 수 있다. 그러나 나는 직접 손가락으로 종이를 넘기며 책을 보기를 권한다.

세상에 모습을 드러낸 책은 너무나 많다. 수많은 책들을 평생 다 읽을 수 있을까?

그러면 좋겠지만 사실상 불가능하다. 지금부터는 처음 독서를 시작할 때와는 다른 전략을 가지고 독서를 할 필요가 있다. 아무리 몸에 좋은 음식도 모두 다 먹을 수 없는 것과 같다. 어떤 음식은 꼭꼭 씹어 음미하며 먹고, 어떤 음식은 선별하여 필요한 부분만 먹을 때가 있듯이 독서를 할 때에도 마찬가지다.

처음엔 한 자 한 자에 집중하여 책을 읽었지만 이제는 확대된 시폭으로 하늘을 유유히 나는 독수리처럼 여유롭게 책을 볼 수가 있다. 미라클독서법 지침에 따라 훈련해나가면 시폭이 점차로 확대되고, 배경지식도 많이 쌓이기 때문에 자연스레 그렇게 된다. 책을 볼 때는 항상 목적과 목표를 갖고 보기를 권한다. 무엇 때문에 나는 책을 읽는가? 소중한 시간에 합당한 가치가 있는가? 책읽기도 감이 필요한데, 책을 지속적으로 읽다보면 그러한 '감'은 자연스레 획득된다. 감도 훈련에 의해 키워나갈 수 있다. 먼저 80:20 법칙을 적용한 책읽기 방법이다.

20:80 법칙

20:80의 파레토 법칙은 이태리 사회경제학자 빌프레도 파레토에 의해 찾아진 것이다. 우연히 땅을 보다가 개미떼가 이동하는 것을 목격했는데, 유심히 보니 먹이를 물고 가며 열심히 일하는 개미들은 약 20%뿐이었다. 나머지 80%는 건들거리며 따라가기만 했다. 흥미가 발동한 그는 일을 잘하는 20%만 따로 갈라놓아 보았다. 처음에는 모두 열심히 일하더니 곧 그중 20%만 열심히 일하고 나머지 80%는 다시 놀기 시작했다. 일을 안 하던 80% 집단에서도 곧 일하는 개미와 노는 개미가 20:80 비율로 갈라졌다. 오늘날 이 법칙은 여러 상황에서 통용되고 있다. 곧 어떤 상황에서든지 대개 20%의 핵심메시지로 80%의 결과를 얻을 수 있다는 개념이다. 이제는 책읽기를 과감하게 하자.

책에 따라 80%의 시간과 노력을 들여 20%만을 얻을 수 있는 책도 있기 때문이다. 어떤 부분은 편하게 보면서 가볍게 척척 읽어나가고, 어떤 부분은 좀 더 공을 들여 읽어나가고, 또 어떤 부분은 꼭꼭 씹어 음미하듯 읽어서 소화시킬 필요가 있다. 넓어진 시폭과 직관력으로 책의 가치를 분별하며 독서를 하기를 권한다.

10초 인지 훈련

익숙한 공간보다는 공원이나 낯선 공간이 10초 인지 훈련을 하기에 좋은 장소이다. 잠시 주변을 10초간 사진 찍듯이 바라본 후, 기억나는 단어들을 떠올려보는 방법이다. 빠르게 인지한 후 건물 이름이나 음식점 메뉴, 또는 주변의 사물들을 기억해내는 훈련법이다. 공원이나 수목원 등 산책을 하면서도 이 훈련을 할 수 있다. 천천히 걸으며 잠시 주변을 10초간 순간인지 후 기억나는 단어들을 10개 이상 떠올려 보는 것이다. 10초 인지 훈련은 언제 어디서나 쉽게 할 수 있고, 직관력과 순간인지력을 높일 수 있는 유용한 훈련방법이다.

가로수, 신호등, 주변 사물로 훈련

일상생활을 하면서도 자연스럽게 시폭 확대 훈련과 시근육 훈련을 할 수 있다. 우선 주변에 있는 가로선이나 세로선을 찾아보고, 찾아낸

사물로 짬짬이 훈련을 하면 된다. 신호대기 중에 신호등이 있다면 신호등의 가로선으로, 가로수가 있다면 나무의 세로선으로 훈련을 할 수 있다. 면적을 차지하는 건물이 있으면 건물의 가로와 세로선으로 빠르게 시근육 훈련을 해도 되고, 눈을 크게 뜨고 힘을 주면서 시폭 확대 훈련을 해도 된다. 동그란 모양이든 네모 모양이든 모두 다 시폭 확대 훈련이 가능하다. 이때 3초 복식호흡을 하면 시폭 확대 훈련과 시근육 단련 훈련이 더 잘 된다. 시간이 없어서 훈련을 못하는 것이 아니라, 언제 어디서든 훈련이 가능하다. 필요한 것은 간절함뿐!

좋은 글 기억하기 훈련

다음 글을 음미한 후 잠시 눈을 감고 내용을 기억해 보자. 종이에 기억나는 내용을 최대한 많이 적어보는 훈련을 한다. 무심코 읽고 지나쳤을 때보다 이런 훈련을 지속하면 인출능력을 현저히 높일 수 있다.

작은 일도 무시하지 않고

최선을 다해야 한다.

작은 일도 최선을 다하면 정성스럽게 된다.

정성스럽게 되면 겉에 배어 나오고

겉으로 드러나면 이내 밝아지고

밝아지면 남을 감동시키고

남을 감동시키면 이내 변하게 되고

변하면 생육된다.

그러니 오직 세상에서

지극히 정성을 다하는 사람만이

나와 세상을 변하게 할 수 있는 것이다.

—중용 23장

독서를 잘하기 위해서는 시각 훈련과 뇌의 인지 훈련 두 가지를 함께 병행해야 한다. 본인의 분당 속도를 체크하고 시폭을 넓히는 훈련을 꾸준히 하고, 시근육을 강화하는 한편 일상생활을 할 때에도 자연스럽게 뇌의 인지능력을 높이기 위한 훈련을 해야 한다.

우리에게는 좌뇌와 우뇌가 있음을 이미 알고 있다.

좌뇌는 물과 같다고 할 수 있는데 우리가 인식하고 경험한 것만 인지했다고 느낀다. 그에 비해 우뇌는 얼음과 같아서 녹는 시간이 필요하다. 얼음은 열을 가해야 녹는데 그 열은 사고와 질문의 과정이다.

다음은 우뇌와 좌뇌의 특성과 우뇌를 자극하는 방법들이다.

— 좌뇌가 활동할 때, 우뇌는 움직이지 않는다.

— 좌뇌가 give up 하면, 우뇌가 활동을 시작한다.

— 우뇌 정보로 좌뇌를 자극시켜 준다.

— 처음엔 좌뇌가 인식해야만 우뇌에 남는다.

— 나중엔 우뇌가 본 상태에서 좌뇌도 인식한다.

— 우뇌가 활동할 때는 좌뇌의 지식까지 포함한다.

— 좌뇌는 공부한 정보가 쌓여 있는 곳, 알고 있는 지식으로만 판단한다.(인식)

— 우뇌는 유전적 정보, 직관적 인지를 하므로 매우 빠르다.

— 책을 읽으며 눈에 확 들어오는 단어를 잠시 상상하기.

결국 독서를 통해 안목을 확장하고 뇌의 인지력을 높이는 훈련을 하는 것은, 전반적인 우리 삶의 질을 향상하는 것이 목적이다. 독서를 통한 새로운 사고와 질문을 하는 것은, 자신의 능력을 비약적으로 높이는 비결이다. 또한 질문은 대답보다 100배 이상 더 중요하다! 독서를 통해 새로운 생각이 가능하고 새로운 질문이 새로운 답을 만들어낸다! 독서는 질문을 만드는 일이다. 우리 모두가 일상에서의 독서 팁을 활용하여 더욱 행복한 삶을 영위하기를 희망한다.

1Day 1Question

오늘 나에게 필요한 트리거 질문 세 가지는?
1. 나는 오늘 행복하기 위해 최선을 다했는가?
2. 나는 오늘 삶의 의미를 찾으려 최선을 다했는가?
3. 나는 오늘 긍정관계를 쌓으려 최선을 다했는가?

나에게 휴식을 주는 책

《틱낫한 명상》, 틱낫한 지음, 불광출판사

마음챙김 자체가 깨어 있는 삶이다.

"숨을 들이쉬면서 마음챙김하고, 숨을 내쉬면서 마음챙김하라. 숨을 길게 들이쉬면서 '나는 숨을 길게 들이쉬고 있다'고 알아차린다. 숨을 길게 내쉬면서 '나는 숨을 길게 내쉬고 있다'고 알아차린다."

《틱낫한의 포옹》, 틱낫한 지음, 현문미디어

깨어 있는 마음으로 호흡하기,
깨어 있는 마음으로 걷기,
깨어 있는 마음으로 미소 짓기와 같은 수행을 통해 우리는 마음을 몸 안으로 다시 가져올 수 있고 매 순간순간 진정으로 살 수 있습니다. 이런 명상을 '부활수행'이라고 부릅니다.
당신은 인생의 기적이라는 선물을 오직 '바로 여기, 지금 이 순간'에서만 만날 수 있습니다.

《마음에는 평화 얼굴에는 미소》, 틱낫한 지음, 김영사

진정으로 그 순간 속에 살아 있으려면, 그대는 단지 깨어 있는 마음으로 호흡하기만 하면 된다.
잊지 말아야 한다.
우리가 선택한 것이 곧 우리 자신이 된다는 사실을!

《향기로 말을 거는 꽃처럼》, 이해인 지음, 샘터

좋은 냄새든 역겨운 냄새든 사람들도 그 인품만큼의 향기를 풍깁니다. 많은 말이나 요란한 소리 없이 고요한 향기로 먼저 말을 건네오는 꽃처럼 살 수 있다면, 이웃에게도 무거운 짐이 아닌 가벼운 향기를 전하며 한 세상을 아름답게 마무리 할 수 있다면 얼마나 좋을까요?

《수면혁명》, 아리아나 허밍턴 지음, 민음사

숙면을 위한 십계명

1. 빛이 덜 있어라!(빛을 최소화)
2. 수면을 방해하는 블루라이트 멀리 하기.
3. 침실의 온도 낮춘다.
4. 조금이라도 꾸준히 운동한다.
5. 올바르게 먹고 푹 잔다.
6. 잠자기 전 술 한잔은 어떨까?
7. 침술, 허브, 그리고 다양한 자연의 수면 보조요법.
8. 내면 다스리기 : 명상과 수면

(수면은 최고의 명상이다 —달라이 라마)

9. 나만의 수면 비법을 찾아라.

10. 잠잘 때 입을 옷, 입지 말아야 할 옷(편안한 옷).

《삼매경》, 세리코 콘텐츠 지음, 삼성경제연구소

우리가 반복하는 행동이 곧 우리다. '뛰어남'이란, 하나의 습관이다.
2009년 영국 런던 대학의 한 연구팀은 습관에 관한 재미있는 실험을 했다. 실험에 참가한 사람들에게 새로운 행동을 하나씩 부여하고 이 행동에 익숙해질 때까지 걸리는 시간을 조사한 것이다. 그 결과 새로운 행동에 대한 거부감이 사라지는 데는 평균 21일이 걸렸다. 또 평균 66일이 지난 후부터는 그 행동을 하지 않을 경우 오히려 불편함을 느꼈다. 즉, 어떤 행동을 66일 동안 꾸준히 반복하면 그 때부터는 무의식에 고착되어 습관이 된다는 것이다.

독서와 스트레스에 관한 흥미로운 연구 결과.
영국 서섹스 대학 인지신경심리학과 데이비드 루이스 박사팀은 스트레스 해소방법에 따른 감소 효과 발표, 음악을 감상할 때 61%, 커피를 마실 때 54%, 산책할 때 약 42%, 독서를 할 때는 단 6분 동안 책을 읽는 것만으로도 68% 감소되었다.(심장박동수 감소, 근육 긴장 이완 효과)

《연금술사》, 파울로 코엘료/문학동네

삶의 곳곳에 놓여 있는 표징들을 따라, 끝까지 인내하며
끈기 있게 실행한 사람만이 '위대한 업'을 이룰 수 있다.

"이 세상에는 위대한 진실이 하나 있어. 무언가를 온 마음을 다해 원한다면, 반드시 그렇게 된다는 거야. 무언가를 바라는 마음은 곧 우주의 마음으로부터 비롯된

때문이지. 그리고 그것을 실현하는 게 이 땅에서 자네가 맡은 임무라네."

"자아의 신화를 이루어내는 것이야말로 이 세상 모든 사람들에게 부과된 유일한 의무지. 세상 만물은 모두 한가지라네. 자네가 간절히 원할 때 우주는 자네의 소망이 실현되도록 도와준다네."

"바로 그게 연금술의 존재 이유야. 우리 모두 자신의 보물을 찾아 전보다 더 나은 삶을 살아가는 것, 그게 연금술인 거지. 납은 세상이 더 이상 납을 필요로 하지 않을 때까지 납의 역할을 다 하고, 마침내 금으로 변하는 거야."

"자아의 신화를 이루어내는 것이야말로 이 세상 모든 사람들에게 부과된 유일한 의무지. 자네가 무언가를 간절히 원할 때 온 우주는 자네의 소망이 실현되도록 도와준다네."

《어린왕자》, 생텍쥐베리 지음, 새움

단 한 송이의 꽃이나 한 모금의 물에서 찾을 수도 있는 것,
눈에 보이지 않아서 마음으로 찾아야 하는 것!
나에게, 이 세상에서 가장 중요한 것은 무엇일까?

"내 비밀을 말해 줄게. 비밀은 아주 단순해. 그건 마음으로 보아야 잘 보인다는 거야. 가장 중요한 건 눈에는 보이지 않아."

"장미꽃이 그렇게 소중해진 건 네가 장미꽃에 공들인 시간 때문이야……."

《텅빈 충만》, 법정 지음, 샘터

비우는 것으로 마음을 삼으라. 텅 비었을 때 비로소 충만하다.

텅 비어 있기 때문에 오히려 가득 찼을 때보다 더 충만하다.

《그물에 걸리지 않는 바람처럼》, 법정 지음, 샘터

소리에 놀라지 않는 사자처럼, 그물에 걸리지 않는 바람처럼, 진흙에 더럽히지 않는 연꽃처럼, 무소의 뿔처럼 혼자서 가라.

《맑고 향기롭게》, 법정 지음, 조화로운 삶

삶은 놀라울 만큼 깊고 넓은 그 무엇이다. 하나의 신비이고, 우리들의 생명이 그 안에 움직이고 있는 거대한 나라이다. 문제는 인간이 얼마나 오래 사느냐에 있지 않고, 자기 몫의 삶을 어떻게 살고 있느냐에 달린 것이다.

삶의 향기란, 맑고 조촐하게 사는 그 인품에서 저절로 풍겨 나오는 기운이라고 생각된다. 향기 없는 꽃이 아름다운 꽃일 수 없듯이 향기 없는 삶 또한 온전한 삶일 수 없다.

《홀로 사는 즐거움》, 법정 지음, 샘터

홀로 있을수록 함께 있다.

누군가와 함께 있을 때, 그는 온전한 자기 자신으로 존재할 수 없다. 홀로 있다는 것은 어디에도 물들지 않고 순수하며 자유롭고, 부분이 아니라 전체로서 당당하게 있음이다. 결국 우리는 홀로 있을수록 함께 있는 것이다.

《아름다운 마무리》, 법정 지음, 샘터

삶은 순간순간이 아름다운 마무리이자 새로운 시작이어야 한다. 삶은 소유가 아니라 순간순간의 '있음'이다. 영원한 것은 없다. 모두가 한때일 뿐. 그 한때를 최선을 다해 최대한으로 살 수 있어야 한다. 삶은 놀라운 신비요, 아름다움이다. 그 순간순간이 아름다운 마무리이자, 새로운 시작이어야 한다.

《나무는 나무라지 않는다》, 유영만 지음, 나무생각

어떤 환경에서든 자리를 탓하지 않고 주어진 위치에서 치열한 삶을 살아가는 나무, 누구와도 비교하지 않고 매 순간 최선을 다하며 자기답게 살아가는 나무, 어떤 위기도 기회로 바꿔서 의연하게 대처하며 줄기차게 살아가는 나무.
흔들리되 쉽게 넘어지지 않고 나목으로 혹한의 추위를 견디며 살아가는 나무에게 삶의 본질, 살아가는 원리와 이유, 삶의 방식과 식견을 배웁니다.

PART **5**

독서는 미라클이다

지금 당장, 생각과 말을 바꿔라!

재능의 비밀은 '신중하게 계획된 연습'에 있다.

—《재능은 어떻게 단련되는가》 중에서

생각은 우주에서 가장 힘이 세다.

친절한 생각을 하라. 그러면 친절해진다.

행복한 생각을 하라. 그러면 행복해진다.

성공을 생각하라. 그러면 성공한다.

훌륭한 생각을 하라. 그러면 훌륭해진다.

나쁜 생각을 하라. 그러면 나쁜 사람이 된다.

질병을 생각하라. 그러면 아프게 된다.

건강을 생각하라. 그러면 건강해진다.

당신은 당신이 생각하는 그것이 된다.

앞의 클레멘트 스톤이 말하는 생각의 힘처럼 지금과 앞으로의 나는 내 마음속에 생각하고 있는 모든 것의 결과물이다.

뇌는 10억분의 1초 안에 머릿속을 떠도는 10억 가지 기억을 훑어 한 가지 개념이나 생각으로 응축해낸다. 우리는 생각을 바꾸기 위해 질문부터 긍정적으로 바꿔야 한다. 긍정적인 질문을 하면 우리의 뇌는 적극적으로 새로운 해결책을 찾기 위해 움직인다. 해결책을 찾는 것은 물론이고, 이전보다 생동감 있는 사람으로 변화하게 된다. 지금의 자신을 바꾸고자 하면, 신념 꾸러미인 자아개념의 변화부터 시작되어야 한다. 자아개념을 바꾸기 원하면, '내가 진정으로 무엇이 되고 싶은지' 정확히 당신의 생각부터 정의내려야 한다.

인간과 침팬지의 DNA 구조는 98.7%가 동일하다. 1.3%의 차이로 인간과 동물로 나뉘게 된다. 우리는 무엇을 하든지 1.3%를 변화시키면 자연스레 100%가 바뀌게 된다는 이치다.

긍정적인 생각을 가지고 있으면 같은 내용을 읽어도 튕겨내지 않고 몸 속으로, 맘 속으로, 삶 속으로 스며들어 변화를 일으켜 결국 기쁨과 행복을 만들어준다. 생각의 폭이 넓어지면 넓어질수록 이해의 폭도 넓어지고 배려의 폭도 넓어진다. 결국 행복한 성공을 향한 거리가 가까워지게 된다.

우리는 마음으로 생각하는 것을 말로도 표현하게 된다. 말은 살아서 움직인다. 그래서 '말씨'라고 한다. 우리의 뇌는 사실관계와 주어를 구분하지 못하고 우리가 하는 말에 반응한다. 좋은 말이든 나쁜 말이든 평범한 말이든 우리가 자주 쓰는 말에 따라 우리의 미래가 결정된다. 그러므로 절제된 말, 격려의 말, 행복의 말, 승리의 말, 매력의 말을 해야 한다. 나는 긍정의 말씨를 뿌리기 위해 수강생들과 3p 긍정문 만들기를 한다. 3P 긍정문은 강하고, 긍정적이고, 단호한 진술로, 내가 나에게 내리는 강한 명령문이다. 세상에 나라고 말할 사람은 나밖에 없다는 것을 뇌가 알고 있기 때문이다. 3P 긍정문은 1인칭Personal, 긍정적으로Positive, 현재시제로Present 만든다.

이러한 독서긍정문은 어떨까?

— 나는 매일 30분간 독서를 한다.

— 나는 독서천재다. 1시간에 1권!

— 나는 할 수 있다. 내가 최고다. Do it now!

최근 신경의학계에서는 뇌 속의 언어중추신경이 모든 신경계를 지배하고 있다는 것을 발견하였다. 언어가 인간의 모든 몸행동의 신경을 지배할 수 있다는 것이다. 결국, 언어가 인간의 삶행동을 지배한다고 볼 수 있다. "나도 희망한다, 너도 희망하라." 스페로 스페라: Spero, spera 모든 사람에게 공짜로 주어지는 것이 두 가지 있는데 시간과 말이라 한다. 자주 희망의 말을 되뇌이면 말이 살아서 삶을 희망으로 채워갈 것이다.

세계는 급속히 변하고 있다. 빠르게 변하는 속도에 당신은 어떻게 적응해 나갈 것인가? 독서가 답이다. 지금 당장 생각부터 바꿔라. 이 책을 읽는 동안 어떻게 생각을 바꾸어서 독서를 시작하고, 또는 지금보다 더 많이 읽을지를 생각하라. 당신이 인생의 판을 바꾸는데 기여할 생각을 반복하는 동안, 점차로 아름답고 성공하고 당당한 모습으로 변하게 될 것이다! 하루에 몇 분을 생각에 투자하여 당신이 원하는 많은 것들을 얻을 수 있다.

"당신이 하는 모든 생각은 실체이며, 당신이 생각하는 대로 이루어진다."

당신은 지금 무슨 생각을 하고 있는가? 하루에 자주 반복하는 생각은 무엇인가? 어떤 말의 씨를 뿌리고 있는가? 이 책은 독서를 해야 당신의 인생이 바뀐다는 것을 말하고 싶어서 쓴 책이다. 책을 읽어야겠다는 생각부터 하자. 그리고 책을 읽겠다고 말로 선언하라. 독서할 생각을 하면 우선 시간을 내게 되고, 돈을 들여 책을 사게 될 것이다. 독서를 하겠다고 공개적으로 선언하면 말에 책임을 져야 한다는 부담감이 들 것이다.

그러면 할 일들이 아무리 많고, 아무리 바빠도 책 읽는 시간을 매일 10분만이라도 내게 된다. 당신의 삶에 무언가 쌓이기 시작할 것이다.

꾸준히 읽은 책들이 축적의 법칙에 따라, 의식적이든 무의식적이든, 당신의 삶을 자유롭게 이끌어 갈 것이라 확신한다. 지금 당장 책을 읽어야겠다고 생각부터 바꿔라! 지금 당장 주변에 말로 선언하라! 훌륭한 생각이 훌륭한 삶을 만든다. 희망의 말이 희망의 삶을 만든다.

1 Day
1 Question

나에게 힘이 되는 긍정문 세 가지는?
1. 나는 날마다 모든 면에서 점점 더 좋아지고 있다.
2. 나는 내가 정말 좋다. 이것은 내 책임이다.
3. I can do it. Do it now!

한 자씩 읽지 말고, 한줄씩 통으로 읽어라

"특정영역에서 기술을 발전시키고자 하는 사람이라면
누구든 매일 1시간 이상을 완전히 집중해서 하는
'의식적 연습'에 투자해야 한다."

—《1만시간의 재발견》 중에서

대부분 책을 읽을 때, 한 글자씩 또박또박 이해하면서 읽어야만 이해가 된다고 생각을 한다. 과연 그럴까? 다음 글을 한 줄씩 통으로 읽어보자.

케임브리지 대학교의 연구결구에 따르면,
한 단어 안에서 글자가 어떤 순서로 배되열어있는가 하것는은
중하요지 않고
첫째번과 마지막 글자가 올바른 위치에 있것는이 중하요다고 한다.
나머지 글들자은 자연히 엉진창망의 순서로 되어 있지을라도
당신은 아무 문없제이 이것을 읽을 수 있다.

왜하냐면 인간의 두뇌는 모든 글자를 하나하나 읽것는이 아니라
단어 하나를 전체로 인하식기 때이문다.
대하단지 않은가?

어떤가? 청소기로 글자들을 한꺼번에 빨아들이듯 통으로 읽어도, 내용이 인지된다는 것이 신기하지 않는가? 이미 4장에서 언급했듯이, 책은 눈으로만 읽는 지각과정이 아니라 뇌로 읽는 사고과정이기 때문이다. 효율적인 독서방법은 좌·우뇌를 고루 활용하는 것이 좋은데, 평소에 좌뇌를 활용해서 책을 읽어 왔으므로, 이제부터는 우뇌 훈련법을 집중해서 배우도록 해보자.

내가 처음에 하루에 한 권 독서를 시작했을 때, 300페이지 분량의 책을 읽는데 6시간에서 8시간이 걸렸다. 무조건 새벽 5시부터 8시까지 나만의 독서시간을 확보하고 책을 읽었다. 강의를 하러 미리 도착해서도 수강생이 오기 전까지는 책을 읽었다. 다녀와서도 다시 연결하여 책을 읽었다. 하루에 한 권의 책을 읽고 북리뷰를 쓰기 위해, 취미로 10년 이상 해오던 댄스스포츠도 포기했다. 하나하나 버리다 보니 결국 '원씽'으로 '독서'만 남았다.

독서를 마치고 북리뷰까지 작성하고 나면 10시가 넘을 때가 많았는데, 그때서야 나는 걷기 산책을 나갔다. 건강을 위해서 걷기를 했는데, 나의 뇌에 쌓인 지식 찌꺼기를 비우는 행위이기도 했다. 가로등이 있

긴 하지만 깜깜한 밤, 조금 무섭기도 했다. 그러나 걸으며 나는 행복했다. '오늘만 한 권!'을 실행했다는 성취감이 내 온몸으로 퍼져나갔다.

현재는 책의 내용에 따라 조금 차이는 있지만 30분~1시간 이내로 읽을 수 있다. 전혀 배경지식이 없는 책은 시간이 조금 더 걸리고, 배경지식이 쌓인 책들은 매우 빠르게 읽을 수 있다. 독서를 할 때, 책을 너무 빠르게 읽어도 잘 이해가 되지 않고, 너무 느리게 읽어도 잘 이해가 되지 않는다. 그렇지만 예전에 비해 책을 빠르게 읽으니 많은 도움이 된다. 가장 좋은 점은 시간을 여유롭게 활용할 수 있고, 책을 반복해서 여러 번 읽을 수 있다는 점이다. 여러 번 반복하고도 남을 시간이 확보되는 것이다. 또한 반복해서 읽으니 기억이 잘 되고 필요할 때 인출이 잘 된다. 어떤 내용은 잘 기억이 나지 않으나, 필요한 순간에 꼭 필요한 내용이 아이디어와 연결되는 신기한 경우도 있다.

세상에는 너무나 많은 책들이 있다. 평생을 두고 읽어도 다 읽을 수가 없다. 그래서 한 자씩 읽지 말고, 이제는 한줄씩 통으로 읽으라는 것이다. 미라클독서법 훈련기간은 기본과정 3개월, 심화과정 3개월이다. 개인차가 있긴 하지만, 지침대로 꾸준히 훈련한다면 기본과정 3개월을 마치기도 전에 한줄~세줄 이상씩 대부분 읽을 수 있게 된다.

한 권의 책을 읽을 때, 한줄 이상씩 보는 것과 한 자씩 1주 이상을 읽는 것은 분명 차이가 있다. 시간도 오래 걸릴 뿐만 아니라 한 권을 가지고 너무 오래 읽어도 책을 읽었다는 만족감만 있을 뿐 나중에는 무슨 내용인지 기억조차 안 난다. 당신의 소중한 삶을 위해 3개월을 기꺼이 투자하라! 3개월 독서법 훈련으로 책을 한줄 이상씩 통으로 읽으며 시간의 자유를 누리고, 독서를 통해 뇌가 변하고, 시폭 또한 넓어져 지금까지와는 다른 세상을 살게 된다. 통으로 훤하게 보는 세상, 정말 기대되지 않는가!

세상에 결코 저절로는 없다. 우연인 것 같아도 따지고 보면 우연은 아니다.

1 : 29 : 300으로 잘 알려진 하인리히 법칙이 있다. 대형사고 1건이 발생하기 전에 작은 사고가 29회 있었고, 운 좋게 사고가 발생하진 않았지만 사고가 일어날 뻔했던 일이 300번 있었다는 것이다.

그렇지만 '하인리히 법칙 1 : 29 :300의 역설'도 적용됨을 알 수 있다. 하나의 위대한 성공을 위해서는 29가지의 크고 작은 성취, 29가지의 크고 작은 성취를 위해서는 300번의 긍정적인 자그마한 실천을 해야 한다. 성공을 위해서는 지속가능한 실천, 그것이 오늘 우리가 해야 할 최선의 과제이다. 하인리히 법칙의 역설이 나의 삶에도 적용됨을 깨달았다.

'하루에 한 권'의 독서 실행이 300번 이상 쌓여, 29번 이상의 독서특강을 진행하였고, 드디어 미라클독서법이라는 하나의 강좌가 탄생하게 된 것이다. 나에게는 이것이 진정 '미라클'이다.

이제부터는 한 자씩 읽지 말고 한줄씩 통으로 보자. 하루에 한 권 이상의 책을 읽고도 여유로운 시간을 누릴 수 있다. 독서 뇌신경 연결로 누구나 뇌미인이 될 수 있다. 확장된 시폭으로 맘껏 아름다운 세상을 음미하면서 행복하게 사시길 빈다!

1Day 1Question

한줄씩 통으로 독서하면 어떤 점이 달라질까?

1. 한줄씩 두줄씩 세줄씩 통으로 보니까 시간이 절약되어 반복독서가 가능하다.
2. 시폭이 확대되어, 한줄씩 통으로 보듯 세상도 전체를 통으로 볼 수 있다.
3. 글자를 이미지로 인지하는, 심적표상 훈련으로 뇌美인이 될 수 있다.

나에게 자신감을 키워주는 책

《300 프로젝트》, 조연심. 김태진 지음, 카시오페아

가장 단순하고 강력한 자기계발 솔루션.

100권의 책_전문 지식을 쌓는다_워런 버핏

100명의 인터뷰_현실적인 지혜를 얻는다_나폴레온 힐

100개의 칼럼_지식과 지혜를 내 것으로 만든다_피터 드러커

읽고! 만나고! 기록하라!

《과정의 발견》, 조연심 지음, 카시오페아

"과정이 달라지면 결과도 바뀐다!"

당신의 이름을 브랜드라 생각하고 당신의 일을 프로젝트로 바꿔라. 일을 일로써 하지 말고 놀라운 프로젝트로 바꿔서 일하면 휴먼 브랜드가 된다. 일을 나를 나 되게 만드는 일종의 삶의 프로젝트로 바꾸라는 것이다. 생계를 위해서가 아니라 나답게 만드는 프로젝트로 일하라.
—톰 피터스

미래의 일은 결국 프로젝트 단위로 이루어지고 나 스스로는 브랜드가 되어야 한

다. 그러면 평생 내 이름으로 하고 싶은 일을 하며 살 수 있다.

《내가 상상하면 현실이 된다》, 리처드 브랜슨 지음, 리더스북

나는 열심히 일할 뿐만 아니라 열심히 논다. 그리고 목표에 대한 명확한 신념을 갖는다. 목표를 달성할 수 있는 적절한 방법을 이제까지의 경험에서 찾을 수 없다면 방향을 바꿔서 다른 방법을 찾아 봐라. 제 아무리 복잡한 문제도 해결책은 있게 마련이다.

《빅픽처를 그려라》, 전옥표 지음, 비즈니스북스

"빅픽처란 우리가 이 세상에 왜 존재하는가에 대한 각자의 답이다. 그것은 자신을 깊게 들여다보고 인생을 멀리 조망할 수 있는 힘이다. 빅픽처는 누구와 같을 필요도 없고, 누군가의 것을 베낄 필요도 없다."

《관점을 디자인하라》, 박용후 지음, 프롬북스

현재의 당연함 속에 머무를 것이 아니라, 미래를 바라보고 미래에 당연해질 것에 집중해야 한다. 지금 우리가 당연하다고 생각하는 것들을 부정하는 특별한 생각들이 미래를 바꾼다! 관점을 바꾸면 보이지 않던 것들이 보이기 시작한다. 이렇듯 시나브로 바뀌는 세상을 읽어내는 힘도 바로 통찰을 이끌어내는 '관점'에 있다.

《긍정으로 성공하라》, 이인권 지음, 푸른영토

성공이란 '특별 DNA' 시너지.

거울 속의 나 자신을 향해 성공을 입으로 되풀이하는 것은 모닝 모놀로그, 아침의 독백이다. 매일 아침 내 스스로에게 보내는 '사명선언서'인 셈이다.

'하인리히 법칙 1 : 29 : 300'의 역설적 적용
하나의 위대한 성공을 위해서는 29가지의 크고 작은 성취,
29가지의 크고 작은 성취를 위해서는 300번의 긍정적인 자그마한 실천을 해야 한다.
성공을 위한 지속가능한 실천, 그것이 오늘 해야 할 최선이다.

《하버드 새벽 4시 반》, 웨이슈잉 지음, 라이스 메이커

구르는 돌에는 이끼가 끼지 않는다.
"우리가 열정적으로 인생을 대하면, 인생도 열정을 갖고 우리를 대할 것이다."
지식은 가장 안전하고 완전한 재산이다. 세상에서 제일 가는 도둑도 머릿속 재산은 훔칠 수 없기 때문이다. 공부에서 가장 중요한 핵심은 꾸준함이다. 배움의 가치는 기하급수적으로 늘어난다. 지식을 습득하는 과정은 시간이 흐를수록 순환하면서 점진적으로 향상된다.

《멈추지 마, 다시 꿈부터 써봐》, 김수영 지음, 웅진지식하우스

"당신이 이 세상에서 원하는 변화 그 자체가 되십시오."
—간디

'소수'라는 것은 '도전'을 의미한다.
"쉽게 포기하고 평범하게 살아가는 다수가 되겠는가, 아니면 남들보다 앞서가는

소수가 되겠는가?"

《10미터만 더 뛰어봐》, 김영식 지음, 20세기북스

100미터를 뛰는 사람에게 200미터를 더 뛰라고 하면 누구라도 포기할 것이다. 그러나 10미터만 더 뛰라고 하면 얼마든지 뛸 수 있지 않겠는가.

차이는 바로 이거다.

어제 뛰던 대로 100미터만 뛰는 것과 10미터를 더 뛰는 것의 차이다. 바로 이것이 인생의 성패를 가른다. 누구든지 10미터는 더 뛸 수 있다.

나는 말해주고 싶다.

운은 하늘에서 떨어지는 것이 아니라 발뒤꿈치에서 솟아오르는 것이라고.

《칭기스칸의 리더십 혁명》, 김종래 지음, credu

나는 반드시 일어날 것이다.

나는 반드시 성공할 것이다.

몽골고원을 반드시 통일할 것이다.

그리고 평화를 가져올 것이다.

살아서 할 일이 있는 한 절대로 죽지 않는다.

라스트씬을 그리는 리더, 칭기스칸(이기기 위해서 지기)

《내 상처의 크기가 내 사명의 크기다》, 송수용 지음, 스타리치북스

인생은 그릇이 큰 사람에게 큰 시련을 준다.

나에게 그런 아픈 일들이 있었던 것은 재수가 없어서, 운이 나빠서 그런 것이 아니다. 내가 감당해야 할 사명이 있기 때문이다.

내 상처의 크기가 내 사명의 크기다!

매일, 꾸준히, 즐겁게 반복하기!

"아침을 다스리는 사람은

하루를 지배하고, 인생을 다스린다."

—《아침형 인간》 중에서

궤도 1도의 차이

미국 LA를 출발한 비행기가 있다. 비행기는 러시아 모스크바가 목적지이다. 그런데 기장이 실수로 궤도 1도를 잘못 입력하였는데, 그 1도 차이로 인해 비행기는 이스라엘에 도착했다.

미세한 1도 차이로 목적지가 확연히 달라진 것이다.

우리의 하루는 24시간, 분으로 바꾸면 1440분이다. 1440분의 1%는 14.4분이다. 하루 시간의 약 1%인 15분을, 오늘 당신의 독서시간에 투자해 보라! 사소한 차이로, 목적지가 확연히 달라질 것이다.

나는 읽고 싶을 때 한 달에 한두 권 읽던 책을 이제는 매일 읽고 있다. 아무 때나 읽던 독서를 아침에 일어나 최상의 컨디션일 때 하고 있다. 읽고 나면 곧 잊어버렸던 책 내용을 블로그에 차곡차곡 기록하고 있다. 혼자만 알고 말았던 것을 지인들에게 북리뷰를 보내주고 플러스친구와 밴드에도 게시하고 있다. 오늘 하루, 사소한 궤도 1도의 차이가 반복되어 결국 독서와 삶은 하나가 되었다. 독서와 삶이 하나가 된 지금 이 순간, 나는 참 행복하다.

독서 시스템 만들기

"의도적으로 그리고 꾸준히 어떤 목표를 향해 생각과 감정, 기대를 집중시키면 그것이 곧 실제 경험을 만들어 낸다."

—캐서린 폰더

세상에는 책을 읽어야겠다고 '생각'만 하는 사람과 직접 책을 '읽는' 사람이 있다.

이 책을 쓰기 전에는 누구나 독서에 관심이 있고, 독서를 하고 싶거나 중요성을 알고 있다고 생각했다. 그런데 정작 주변을 살펴보니, 독서가 마음의 양식이라는 것을 알고 책을 읽어야겠다고 생각은 하면서도, 바쁜 일상 속에서 업무와 관계들에 밀리는 경우가 많음을 알게 되었다. 정작 여러 가지 이유와 핑계들로 인해 마음껏 독서할 시간을 확보하지 못하는 것이다. 독서를 하겠다고 '생각'한 것을 직접 '실행'하기 위해서는 무엇보다도 '독서 시스템'이 꼭 필요하다.

다음은 현재 내가 실천하고 있고 독서 시스템 구축에 도움이 되었던, 다섯 가지 내용들이다.

무슨 일이든 새로운 시스템을 구축하는 것은 힘들지만, 한 번 구축해 놓으면, 나중엔 그 시스템대로 따라가기만 하면 되고, 어떤 땐 시스템이 나를 이끌어 주기도 한다. 그 시스템대로 매일 꾸준히 즐겁게 반복만 하면 된다!

독서목표 세우기

독서목표는 거룩한 부담감이다. 목표가 없으면 이루어질 것도 없다.

우선은 한 해가 시작되면서 1년 동안 읽을 독서목표를 세워보고, 한 달 단위로, 1주 단위로, 하루 단위로 쪼개어 관리하길 권한다. 1년은 12개월 52주이다. 예를 들면, 월 4권을 정할 경우, 1년에 약 50권 정도의 독서목표가 나온다. 그러면 1주에 1권의 독서목표가 정해진다. 1권의 경우 250~300페이지가 조금 넘는다. 300페이지 기준으로 1권을 7일 동안 읽어야 하므로 하루에 약 40페이지 분량이 정해진다. 독서를 하다보면 여러 가지 돌발상황이 발생하므로 하루 독서목표를 세우고 지속적으로 실행하기 위해서는 반드시 플랜B가 필요하다. 예를 들면 독서를 하려고 하는데 친구가 만나자고 한다면, 커피숍에 30분 미리 가서 독서를 하는 것, 또는 버스나 지하철로 이동하며 독서시간을 확보하는 방법이다.

1년 독서목표 50권

52주 × 1권 = 52권(1년에 약 50권)

1주 독서목표 1권

1주 × 1권 = 1권(1주에 1권)

1일 독서목표 40페이지

1권은 300페이지 정도니까

300 ÷ 7 = 42페이지(하루 독서량은 약 40페이지)

독서 시간 만들기

독서목표를 세웠으면 하루의 시간 중 가능하면 동일한 시간대에, 독서 시간을 마련해놓는 것이 좋다. 나의 뇌가 독서 시간으로 인지하도록 확실하게 습관을 들이는 것이다.

여건이 허락한다면 아침시간을 권한다. 특히 5시에서 8시의 시간대는 오후시간의 3배에 상응하는 골든아워다. 잠을 푹 잔 후라서 머리가 맑고 뇌가 활성화되어 있어 집중도 잘 되고, 무엇보다도 전화와 카톡 등의 방해요소가 적어서 오로지 독서에만 몰입할 수 있어서 좋다. 시간을 한결 길고 여유롭게 쓸 수 있는 비결이기도 하다. 각 개인에 맞게 아침 5시부터 8시까지의 시간 중에, 또는 그것이 여의치 않을 경우 오후시간을 마련한 후, 알람을 설정한다.

24시간 중에서 내가 나에게 할애한 시간만이 오직 나의 시간이다.

시작 알람이 울리면 즉시 독서를 시작한다. 개시라인과 데드라인을 정하고 독서를 하면 집중상태에서 독서할 수 있다. 타이머의 스톱워치 기능을 이용하면, 집중과 몰입을 유지하는데 큰 도움이 된다. 뇌가 긴장해야 집중력도 생긴다.

독서목록 만들기 : 데이터베이스 구축

읽은 책의 도서목록을 작성하여 데이터베이스화 한다. 현재 나는 '에버노트'라는 어플을 사용하여 리스트를 관리하고 있는데 강력하게 추천한다. 먼저 책제목과 저자와 출판사를 기록한다. 축적의 힘에 의해 한 권 한 권이 쌓여갈수록, 나의 열정과 추진력도 불이 붙는다. 더욱 동기부여가 되고 실행할 의지를 갖게 된다. 나도 가끔 지금껏 작성한 북리뷰 목록을 살펴볼 때가 있는데, 밥 안 먹어도 배부른 느낌이 든다. 예전에 읽은 책을 정리하지 않은 것이 후회가 된다. 지금부터라도 기록하면 된다.

한 가지 더, 앞으로 읽고 싶은 책이나 소개받은 책도 기록하길 바란다. 책 속에 책이 있을 때도 있는데, 책을 읽다가 언급되는 책 중에 마음이 가는 책은 읽을 책 리스트에 추가한다. 누군가가 권해주는 경우나, 우연히 알게 된 좋은 책들은 일단 다 기록하여 두었다가, 다음 책을 살 때 참고한다. 그러면 책을 살 때 선택 시간을 줄일 수 있어 불필요하게 낭비되는 시간을 줄일 수 있다.

독서 한줄 에센스와 한줄 리뷰 작성하기

독서목록을 작성한 후에는 생생한 감동과 울림을 준 핵심문장으로 '한줄 에센스와 한줄 리뷰'로 작성한다. 화장품에도 에센스가 있는데, 좋은 성분들이 응축되어 있어 피부에 보약 같은 액체이다. 책을 읽다 보면 잔잔하지만 나를 설레게 하거나 또는 심장에 콱 박히는 강한 한 줄을 만나게 된다. 그것을 붙잡아 기록하면 된다. 끝으로 책을 읽은 후 깨닫거나 내 삶에 적용할 한줄 소감을 적어본다. 책을 통해 지식과 정보를 얻고, 뇌가 이미 간접적으로 경험한 것 중에, 나에게 적용해 나가다 보면 나도 모르게 삶이 바뀌어 간다. 기록은 기록 자체로, 실행력에 불을 당기는 강력한 힘이 있다. 그래서 기록은 기적이다. 날마다 기록해 나가다 보면 언젠가 기적도 기록할 날이 반드시 올 것이다.

책 사기 : 서점가기, 온라인, 알라딘

한 번에 5권이나 10권씩 책을 사면 참 좋다. 아직 읽지 못한 책의 제목만 보는 것도 의미가 있고 자극이 되어, 거룩한 부담감을 가질 수 있다. 책은 온라인 서점에서 사도 되고, 직접 서점을 찾아도 되지만, 몇 달에 한 번은 꼭 서점에 가서 사기를 권한다. 눈으로 수많은 책을 담아보고, 그 공간에서 호흡하면서 수많은 책들이 내 몸에 흐르고 있는 상상을 하면 참 짜릿하다. 비용이 부담이 된다면 내가 애용하는 알라딘 중고책 서점을 권해드린다. 온라인과 오프라인 모두 가능하다.

독서란 수천의 문장 사이에서 나를 성장시킬 단 한 문장을 찾는 과정이다. 한 권의 책을 읽을 때마다 또 하나의 세상이 열리고 여러분의 삶도 성장해 나간다. 하나의 책이 우물이라면, 책을 읽을수록 우물의 물들이 모아져 작은 시냇물을 이룰 수 있을 것이다. 여러분도 독서 시스템을 갖추어 행복한 독서목표를 이뤄가기를 바란다.

1Day 1Question

나에게 필요한 독서 시스템 세 가지는?

1. 1Day 1Book 북리뷰 기록하기
2. 한 달에 한 번 이상 거룩한 부담감 만들기(서점, 한번에 30만 원)
3. 미라클독서모임을 통한 독서에너지 공유하기

독서로 당신 인생을 빛나게 하라!

"우리는 모두 빛나도록 창조되었다!"

—리처드 브랜슨, 버진그룹 CEO

"우리는 모두 빛나도록 창조되었다!"는 말이 뭉클한 이유는 무엇일까?

저마다의 마음속에는, 날마다 성장하고픈, 누군가에게 사랑받고 싶은 욕구가 자리 잡고 있기 때문이다. 살아있다는 유일한 증거는 성장이다! 그러기에 자신을 사랑하는 사람은 날마다 성장하는 사람이라고 바꿔 말할 수 있다. 부단히 성장하고 성공하여, 그 성공을 후세에 물려주고 나눠주고 싶은 유전자를 가지고 있다.

성장을 하는 가장 쉬운 방법은 독서다. 성장하고 있다는 것은 살아있다는 확연한 증거이다.

독서를 통해 당신 인생을 빛나게 하라! 나에게 '오늘만 한 권' 독서 전략이 있었듯, 성장에도 '오늘만 성장'전략을 쓰고 있다. 오늘 하루만큼만 성장하고 기분 좋게 잠자리에 드는 것이다. 책을 읽고 빛나는 인생을 살고 있는 김병완 님의 말에서도, 독서의 중요성을 알 수 있다. 여러분도 오늘부터 독서를 시작하라. 독서로 여러분의 인생을 빛나게 하라.

"다독을 절대 무시하지 마라. 다독을 통해 인생이 바뀐 사람이 한두 명이 아니다. 다독을 못하는 자기 자신의 나약한 의지를 무시해야 한다. 다독을 하는 사람치고 성공하지 못한 사람은 단 한 명도 없다."

—김병완

인생은 5분의 연속

"지난 일을 돌이켜보고 실수와 게으름으로 허송세월했던 날들을 생각하니 심장이 피를 흘리는 듯하다. 인생은 신의 선물, 모든 순간은 영원의 행복일 수도 있었던 것을 조금 더 젊었을 때 알았더라면. 이제 내 인생은 바뀔 것이다. 다시 태어난다는 말이다."

—도스토옙프스키

1849년 12월 러시아 사형집행소 세묘뇨프 광장, 반체제 혐의로 사형선고를 받은 28세의 청년이 있었다. 매서운 바람을 뚫고 집행관이 소리쳤다.

“이제 사형장 마지막 5분의 시간을 주겠다.”

단 5분, 5분 뒤에는 모든 것이 사라진다 생각하니 사형수는 절망했다.

“내 인생이 이제 5분 후에는 끝이라니, 남은 5분 동안, ‘나는 무엇을 할 수 있을까’”

그는 먼저 가족과 동료들을 생각하며 기도했다.

‘사랑하는 나의 가족과 친구들, 부디 먼저 떠나는 나를 용서하고 나 때문에 너무 많은 눈물을 흘리지 마십시오. 너무 슬퍼하지도 마십시오.’

2분이 지났다.

‘후회할 시간도 부족하구나. 난 왜 그리 헛된 시간 속에서 살았을까! 찰나의 시간이라도 더 주어졌으면…….’

이제 마지막 1분이 남았다. 사형수는 두려움에 떨며 주위를 둘러보았다.

‘매서운 칼바람도 이제는 느낄 수 없겠구나. 맨발로 전해지는 땅의 냉기도 못 느끼겠구나. 볼 수도, 만질 수도……. 없겠구나! 모든 것이 아쉽고, 아쉽고, 아쉽다!’

사형수는 처음 느끼는 세상의 소중함에 눈물을 흘렸다.

“이제 집행을 시작하겠소!”

사람들의 발자국 소리가 들리고, 탄환을 장전하는 소리가 먼저 그의 심장을 뚫었다.

'철컥!'

그런데 그 순간!

"멈추시오. 멈추시오! 형 집행을 멈추시오!"

흰 수건을 흔들며 달려오는 한 병사가 있었다. 사형 집행을 멈추고 대신 유배를 보내라는 급박한 황제의 전갈이었다. 가까스로 사형을 멈추고 극적으로 살아난 사형수는 러시아의 대문호 도스토예프스키였다. 돌아온 그는 담담한 어조로 동생에게 편지를 썼다.

> "지난 일들을 돌이켜보고 실수와 게으름으로 허송세월했던 지난날들을 생각해보니, 심장이 피를 흘리는 듯하다. 인생은 신의 선물…… 모든 순간은 영원의 행복일 수도 있었던 것을 조금 젊었을 때 알았더라면……. 이제 내 인생은 바뀔 것이다, 다시 태어난다는 말이다!"

이후 시베리아에서 보낸 4년의 수용소 생활 동안 그의 인생에서 가장 값진 시간이 되었다. 혹한 속에서 무려 5kg이 넘는 족쇄를 매단 채 지내면서도 그는 창작활동에 몰두했다. 글쓰기가 허락되지 않은 유배생활이었지만, 시간을 낭비할 수 없어 종이 대신 머릿속으로 소설을 집필했고, 그 모든 것을 외워버리기까지 했다. 유배생활을 마친 후 세상 밖으로 나온 도스토예프스키는 '인생은 5분의 연속'이라는 각오로 글쓰기에 매달렸고 1881년 눈을 감을 때까지 《죄와 벌》, 《카라마조프가의 형제들》, 《영원한 만남》 등 수많은 불후의 명작을 남겼다.

독서를 실행으로 바꾼 꾸준한 사람들의 성공은 '성실' 하나로 갈라진다. 삼류 인생의 사람은 시켜도 안 하는 사람이고, 이류 인생은 시키는 일만 하는 사람이다. 일류 인생은 시키지 않은 일까지도 충실히 해내는 사람이다. 그런 사람만이 위대한 성취를 이룰 수 있다.

독서를 실행으로 바꾸어가며 매일매일 흔적을 남길 수 있었던 이유가 무엇일까?

'절. 실. 함!'

절실함이 나로 하여금 매일 한 권의 책을 읽고 기록하게 했다. 강사로서 살아간다는 것은 참으로 험난한 여정이다. 때때로 뭉클한 보람과 삶의 의미, 심장 가득 퍼지는 감동과 행복한 순간이 있지만, 때로는 강의가 없어 생계를 염려해야 하는 두려운 순간과 불확실한 미래를 견뎌내야 한다. 어떤 때는 1시간의 강의를 위해서 수십 시간의 준비 시간이 필요하기도 하다.

6시간씩 이어지는 연속강의로 발에 쥐가 나는 순간도 있다. 열강을 마치고 숟가락을 들 수 없을 만큼 소진하였던 적도 있다. 그럼에도 불구하고 나는 왜 강의를 하는가? 무엇이 나를 계속해서 절실하게 만드는가? 사명이다! 내가 이 세상에 태어난 존재이유 말이다.

미라클독서법을 통해 독서를 사랑하는 사람들이 더 행복해지도록 돕고, 세상에 선한 영향력을 미치는 삶을 사는 것이 내가 이 땅에 태어난 이유라고 생각한다. 나의 사명을 생각하면 언제나 심장이 뜨거워지고 온 몸에 힘이 생긴다.

그러한 사명이 있었기에 나는 물탱크에 물이 고이기를 기다리면서, 날마다 독서를 실행할 수 있었고, 모든 상황들을 버텨냈다. 기쁠 때나 슬플 때나 바쁠 때나 아플 때나 매일 한 권의 독서를 실행했다. 세상에 변하지 않는 것은 없다는 것이 진리임을, 세상에서 가장 믿고 의지했던 사람에게서조차 쓰라린 경험을 할 때에도, 책은 언제나 변함없이 위로의 글을 선물했다. 감정의 동요 없이 의연하게 나를 기다려주는 뭉클하고 고마운 존재였다. 나는 오늘도 마음이 가는 한 권의 책을 들고 책상에 앉는다. 이렇게 책 속에서 하루를 살아갈 생명력을 충전한다.

독서로 당신 인생을 빛나게 하라! 진심으로 우리는 모두 빛나도록 창조되었다. 한 사람 한 사람이 황금보다 귀한 존재라는 사실을 꼭 기억하고 힘을 내시라! 때로는 상처도 힘이 되는 성장이므로 당신은 오늘도 어제보다 성장하고 있다. 믿을 건 땀방울 뿐이다!

1Day 1Question

나에게 어떤 선물을 주고 싶은가?

1. 공주 한옥마을로 독서휴가
2. 장태산 휴양림에서 누워서 아침햇살 마사지
3. 강의를 마치고 예쁜 찻집에서 편안한 충전

존재의 이유, 한 자루의 촛불을 켜라!

빛을 퍼뜨릴 수 있는 두 가지 방법이 있다.

촛불이 되거나,

또는 그것을 비추는 거울이 되는 것이다.

—이디스 워튼

옛날에 신이 어떤 사람에게 "더 좋은 세상을 만들라."고 말했다. 자신은 작고 나약한 존재인데 어떻게 세상을 바꾸냐고 반문하였다.

"너 자신을 더 좋은 사람으로 만들기만 하면 된다."

결국 좋은 세상은 우리가 각자 가꾸어 가는 것이다. 존재의 이유를 생각하고, 나 자신을 더 좋은 사람으로 만들려면 어떻게 하면 될까?

나는 누구인가?

나는 무엇을 하려고 이 세상에 태어났는가?

내가 진정으로 원하는 삶은 어떤 모습인가?

몇 년 전부터 자주 나에게 던지는 질문들이다. 나에게 질문을 하는 것이 처음엔 몹시 불편했지만, 매일 1Day 1Question을 실행하다 보니, 내 생각을 정리할 수 있고 삶의 의미와 목표를 생각하며 방향성을 유지하는 데도 도움이 되었다. 그래서 지금은 강의와 미라클독서법 시스템에도 적용하여 수강생들에게 1Day 1Question을 실시하고 있다.

예전에 나는 참 이기적인 사람이었다. 맛있는 것이 있으면 나부터 먹었고, 기도를 할 때도 자신과 가족들을 위해서만 기도를 했었다. 그것이 당연한 줄 알고 지내던 어느 날이었다. 당시 아들이 초등학생이었는데 논술선생님과 도솔산 산책을 하게 되었다.

"열음이와 논술 수업 중에, 전쟁이나 홍수 등 위급한 상황이 온다면 우리는 어떻게 대처하면 좋을까?"라는 내용으로 이야기를 나누었다고 했다. 열음이의 대답은…….

"먼저 마트에 가서 라면과 부탄가스 등의 물건을 잔뜩 사서 엄마, 아빠와 안전하게 지낼 수 있는 곳으로 대피할 거예요."

"그럼 다른 사람들은 어떻게 도와주면 좋을까? 열음이네 가족이 물건을 잔뜩 사가면 다른 사람이 살 것이 부족할 수도 있잖아!"

"우리 가족이 잘살면 되지, 다른 사람들까지 신경 써야 해요?"

너무나 충격적인 대답이었다. 그날 밤 나는 잠을 이룰 수가 없었다.

다음날부터 기도지향부터 바꿔서 했다. 열음이를 위해서 했던 기도를 열음이와 친구들을 위해서, 가족들을 위해 했던 기도를 지인들의 건강과 행복을 위해서 했다. 기도의 지향도 진화를 하여 지금은 가족들뿐만 아니라 소중한 친구와 지인들, 미라클독서법 회원들, 책을 쓰는 동료들, 빈첸시오회 가족들과 세상의 많은 사람들을 생각하며 묵주기도를 드린다. 기도지향이 바뀌니 예전에는 보이지 않던 장면들이 눈에 들어오기 시작했다. 횡단보도를 건너는데 몸이 불편하여 느리게 걷는 사람들이 있으면, 나는 부축을 해 드리거나 그분 뒤에서 조금 더 천천히 따라 걷는다. 내가 아무 말이나 제스처를 하지 않았지만 멈춰선 차들은 어떤 상황인지를 알고, 횡단보도를 다 건널 때까지 출발하지 않고 기다려주는 경우가 많았다. 너무나 아름답고 감동적인 순간이었다.

내 지향이 연결되었는지 지금은 3년째 내동성당의 빈첸시오회에서 한 달에 한 번씩 음식나눔 봉사를 하고 있다. 처음엔 소액의 후원만 하다가 지금은 함께 음식을 만들어, 독거어르신과 환우들에게 직접 음식을 가져다 드리고 기도도 해드린다. 한 달에 한 번이지만 그 시간만큼은 함께하려고 우선순위를 둔다. 바빠서 이번 달은 빠질까 갈등할 때도 있지만, 무조건 가서 나눔을 하고 집에 돌아 온 날은 마음속이 환해지고 감사한 마음이 싹튼다. 때론 가장 이타적인 행위가 마음의 평화를 위한 가장 이기적인 행위일 수도 있다.

휴먼 감동 다큐 '울지마 톤즈'의 주인공 고 이태석 신부님의 아프리카 이야기 《친구가 되어 주실래요?》라는 책이 있다. 아래의 글은 가장 기억나는 책의 내용이다.

여기 수단은 한국에선 볼 수 없는
정말 아름다운 것 두 가지가 있는데,
그중의 하나는
너무도 많아 금방 쏟아져 내릴 것 같은
밤하늘의 무수한 별들이고
다른 하나는 손만 대면 금방 톡 하고 터질 것 같은
투명하고 순수한 이곳 아이들의 눈망울이다.
아이들의 눈망울을 보고 있으면
너무 커서 왠지 슬퍼지기도 하지만
너무 아름다운 것을 볼 때
흘러나오는 감탄사 같은 것이
마음속에서 연발됨을 느낄 수가 있다.
—《친구가 되어 주실래요?》 중에서

"총과 칼들을 녹여 그것으로 클라리넷과 트럼펫을 만들면 좋겠다." 라고 표현하는 수단의 아이들 눈망울을 보며 음악을 통해 하느님의 사랑을 전하신 신부님, 지천으로 깔린 환자들을 위해 병원을 짓고, 하루 종일 빈둥거리며 헤매는 젊은이들을 위해 학교를 세우고, 그 아이들에게 악기를 손수 배워 가르치신 신부님, 전쟁과 가난으로 얼룩진 그들에게 신부님은 살아있는 하느님이었을 듯싶다. 너무나 상처가 많아 결코 울지 않는 그들이 이태석 신부님의 죽음 앞에서 오열을 터뜨리는 것을 보고, 나는 그들에게 신부님이 그들의 생명이었음을 알 수 있었다.

나는 누구인가? 나는 무엇을 하려고 이 세상에 태어났는가?

죽을 때까지 이 질문을 던지며 답을 찾아가겠지만, 질문을 던지는 이 순간, 뜨거운 눈물이 흐른다. 살아서도, 죽어서까지도 선한 영향력을 미치는 이태석 신부님 같은 존재가 될 수 있을까! 비록 그의 삶은 짧고 육신은 고달팠지만, 그분의 영혼과 사랑의 삶은 우리의 심장에 새겨져 두고두고 기억될 것이다. 나도 부족하지만, 이 땅에 태어난 이유를 생각하고 평생교육과 독서를 사랑하는 사람들의 행복을 조력하는 삶을 살고 싶다. 우선은 독서지식을 강의를 통해 나누고, 빈첸시오회 나눔과 전례봉사를 시작으로 나의 길을 찾아가겠다. 이 책을 삼독하는 동안 배부르게 먹고 즐기는 삶 외에, 나눔과 사랑을 실천하는 촛불 같은 삶을 살아야 한다고 생각하게 되었다. 책 속에 모든 것이 들어 있으니 참으로 감사하다.

> 여러분도 보다시피, 사람은 믿음만으로 의롭게 되는 것이 아니라,
> 실천으로 의롭게 됩니다.
> —야고보 2 : 24

명확한 목적이 있는 사람은 가장 험난한 길에서조차도 앞으로 나아가고, 아무런 목적이 없는 사람은 가장 순탄한 길에서조차도 한발도 나아가지 못한다.

—토머스 카알라일

명확한 목표를 가지고 있는 사람은 흔들리지 않는다. 흔들리더라도 금방 제자리를 잡고 목표를 향해 다시 나아갈 수 있다. 그런데 그 목표가 나를 성장시킬 뿐만 아니라 세상의 모든 사람들을 위한 선한 목표라면 어떨까? 삶의 의미와 가치를 추구한 목표를 설정하여 공동선을 지향하는 목표 말이다. 분명 나만의 목표만 생각하고 살 때와는, 그 사람에게서 묻어나는 삶의 향기가 달라질 것이다.

공동선이란 존재이유를 생각하고 독서를 꾸준히 지속하면서 나의 사명도 달라졌다.

"부지런히 읽어서 남주자."

내가 아는 소중한 독서지식을 내 머릿속에만 가득 채운다면 그야말로 지식변비밖에 안 되겠지만, 나의 소중한 미라클독서법 회원들과 강의를 통해 세상의 많은 사람들과 나눌 수 있다면, 그것은 살아서 지식의 선순환을 이루게 될 것이다. 그런 점에서 나는 책에도 생명력이 있다고 강하게 믿는다.

철새들이 역V자 형태로 날아가는 중요한 이유가 있다. 그들은 날

개짓으로 부력을 만드는데 뒤에 있는 새는 앞의 새가 만든 부력으로 훨씬 쉽게 날 수 있기 때문이다. 여러 마리의 새들이 역V자 형태를 갖추고 일정한 거리를 유지하면서 날면 혼자 날아갈 때보다 71% 이상의 힘을 얻을 수 있다고 한다. 새들이 과학적 실험에 의한 정확한 결과를 알고 나는 것은 아니겠지만 그런 모양으로 비행하는 것이 서로에게 배가된 힘을 전해준다는 것을 본능적으로 알고 있는 것 같다.

어둠을 탓하기보단 한 자루의 촛불을 켜라. 저마다 매일매일 어제보다 나은 오늘의 내가 되는 향상심을 이루려 노력하며 살자. 그러한 성장을 세상과 나눔으로써 그 가치가 더욱 커지리라 생각한다. 다른 촛불에 불을 옮겨준다고, 내 촛불의 빛이 사라지지 않는 것처럼, 빛은 나누어줄수록 더 밝아지기 때문이다. 나는 어떻게 빛을 나누어 줄 것인가? 나는 왜 이 세상에 태어났을까? 이 땅에 태어난 존재이유와 사명을 생각하면서 살 때, 내가 하는 일의 열매는 진정 다른 사람의 나무에서 열릴 것이다!

1Day 1Question

사랑하는 사람들에게 남기고 싶은 메시지는?

1. 실행하지 않으면 아무 일도 일어나지 않는다. 오늘만 10페이지!
2. 내가 하는 일의 열매는 다른 사람의 나무에서 열린다.
3. Light one candle!(어둠을 탓하기보다 한 자루의 촛불을 켜라)

자기관리와 성장에 필요한 책

《성과를 지배하는 바인더의 힘》, 강규형 지음, 스타리치북스

기록하지 않는 자, 성공할 수 없다.

남과 다른 성공을 꿈꾼다면 삶을 기록하라!

열정만 있고 전략이 없으면 타 죽고 만다.

프로세스를 강화시키려면 3가지 전략이 필요하다.

퍼스널 시스템! 훈련! 실용성!

《원씽》, 게리 켈러, 제이 파파산 지음, 비즈니스북스

복잡한 세상을 이기는 단순함의 힘.

"한 가지에 집중하라!"

"나의 단 하나는 무엇인가?"

"오늘, 다른 모든 일을 더 쉽거나 필요 없게 만들 나의 단 하나의 일은 무엇인가?"

《잠들어 있는 성공시스템을 깨워라》. 브라이언트레이시 지음, 황금부엉이

"나는 내가 좋다! 나는 내가 좋다! 나는 내가 좋다!" 반복하여 자부심 높이기.

슈퍼의식이 지닌 힘은 무한하다.

(무한지성, 우주의 지식창고이자 모든 상상력과 창의력의 원천)

1년 365일 작동하는 슈퍼의식, 목표 지향적 동기부여, 명확한 명령의 발동, 믿을수록 더 잘 작동, 단계마다 적절한 경험치 제공, 사용하지 않으면 퇴화, 정확한 길로 인도, 동시성과 세렌디피티가 불러오는 행운 등으로, 슈퍼의식이 작동한다.

《나폴레온 힐 성공의 법칙》, 나폴레온 힐 지음, 중앙경제평론사

첫째, 사람은 '명확하고 중요한 목표를 가져야 한다.'

둘째, 명확한 목표가 확립되었다면 '함께 일할 팀이 있어야 한다'

(마스터 마인드)

《놓치고 싶지 않은 나의 꿈 나의 인생 1,2,3》, 나폴레온 힐 지음, 국일미디어

PMA 9단계 : 긍정적인 마음가짐의 힘은 어마어마하다. 당신이 원하는 곳 어디라도 데려다 줄 수 있다.

STEP 1 | 신념을 갖고 자기 마음의 주인이 돼라.

STEP 2 | 자신이 원하는 일에 정신을 집중하라.

STEP 3 | 남에게 받고 싶은 대로 줘라.

STEP 4 | 자기 점검을 통해 부정적인 생각을 제거하라.

STEP 5 | 행복하라! 다른 사람들을 행복하게 하라 .

STEP 6 | 관용의 습관을 길러라.

STEP 7 | 자신에게 긍정적인 암시를 하라.

STEP 8 | 목표를 세워라.

STEP 9 | 공부하라, 생각하라, 그리고 날마다 계획하라.

《가슴 뛰는 삶》, 강헌구 지음, 쌤 앤 파커스

터질 듯 가슴 뛰게 하는, 당신이 바라는 '내일'의 자아영상을 구체적으로 그려라. 하면 할수록 더 재미있고, 더 잘하게 되고, 그래서 더 풍요로워지는 필생의 업(業), 단 하나의 키워드를 찾아내라.
인생은 키워드다.

《시스템의 힘》, 샘 카펜터 지음, for books

처음에는 당신이 시스템을 작동시키지만, 그런 다음에는 시스템이 알아서 일을 한다.

시스템이 눈에 보이게 하라.
— 시스템을 마음대로 볼 수 있어야 한다.
— 시스템을 하나하나 분리해서 관찰해야 한다.
— 시스템을 조정해야 한다.
— 이러한 과정을 문서로 남겨야 한다.
— 지속적으로 유지 보수해야 한다.

《트리거》, 마셜 골드스미스 지음, 다산북스

능동적인 질문을 트리거로 활용하기(141p)
1. 나는 오늘 명확한 목표를 세우기 위해 최선을 다했는가?
2. 나는 오늘 목표를 향해 전진하는 데 최선을 다했는가?
3. 나는 오늘 의미를 찾기 위해 최선을 다했는가?
4. 나는 오늘 행복하기 위해 최선을 다했는가?

5. 나는 오늘 긍정적인 인간관계를 만드는 데 최선을 다했는가?

6. 나는 오늘 완벽히 몰입하기 위해 최선을 다했는가?

《그릿》, 앤젤라 더크워스 지음, 비즈니스북스

성공의 정의는 '끝까지 해내는 힘'이다.

성공할 거라고 예측됐던 사람들에게선 한 가지 공통된 특성이 있다. 그것은 좋은 지능도 아니고 외적인 조건도 아닌 바로 '그릿 GRIT'즉, 열정적 끈기다! 실패, 역경, 슬럼프를 이겨내고 목표를 이뤄낸 사람들의 성공의 비밀이 재능이 아닌 '그릿'임을 알았다.

《판을 바꾸는 질문들》, 프랭크 세스노 지음, 중앙books

질문은 우리가 타인과 이어지는 길이다.

나는 질문이야말로, 모방이 아니라 상대방을 가장 진실하게

치켜세우는 방법이라 믿는다.

좋은 질문을 하자. 그러면 자연스럽게 흥미와 호기심이 표출된다.

속도를 늦추고 주의 깊게 듣고 더 묻자.

그러면 더 깊이 교류하게 된다. 관심과 애정이 표현된다.

신뢰가 형성된다. 공감하게 되고 차이를 잇는 가교가 생긴다.

더 좋은 친구, 동료, 혁신자, 시민, 리더, 가족이 된다.

미래가 만들어진다.

《리스크 판단력》, 존 코츠 지음, 책 읽는 수요일

윈스턴 처칠은 죽지 않을 정도의 위험은 인간의 몸과 마음을 사로잡는 엄청난

힘이 있다는 사실을 알아챘다. 생사가 달린 문제가 아닌 리스크도 이와 유사한 강렬한 감정과 신체 반응을 유발할 수 있다.
(예, 재정적 리스크)

엄청난 스트레스를 받고 있는 시기,
다행스럽게도 차분한 가족과 친구들이 있다면, 그들의 얼굴을 보고 행복한 목소리를 듣는 것만으로도 큰 도움이 된다.
사람을 살릴 수 있는 것이다!

미라클독서법 교육후기

● **송금란(내동초등학교)**

안녕하세요 ~교수님

미라클독서법 하기를 참 잘했다고 생각합니다~~

처음에는 좀 부담스럽기도 하고 이게 정말 될까 의심이 들었어요.

하지만 교수님이 가르쳐 주신대로 했더니 조금씩 변화가 오기 시작했어요. 시폭이 늘어난 건 물론이고 한줄 찍기가 가능해지더니 이제는 두줄 찍기도 할 수 있어요. 정말 신기합니다. 물론 아직 연습이 더 필요한 것 같습니다.

무엇보다 중요한 건 자신감이 생기고 매일 15분씩이라도 독서한다는 계획을 세우고 독서를 시작했다는 것입니다. 아주 작은 계획을 세우고 실천한다는 것이 참 중요하다는 것을 깨달은 아주 유익한 시간이었습니다.

교수님 만난 게 참 행운이라는 생각이 듭니다. 앞으로도 꾸준히 연습하여 세줄 네줄에 도전할 생각입니다. 다시 한 번 감사드리며 오늘도 좋은 하루 되세요.

● **길윤정**

미라클독서법? 저도 독서를 꾸준히 하고 싶었지만 마음만큼 잘 되지 않았습니다. 배경지식이 없는 것도 그렇지만 빨리 읽어내려 갈수가 없으니까 집중력도 떨어지고 내용도 잘 파악이 안 되고 암튼 독서가 참 쉽진 않았습니다. 그런데 속독이 훈련으로 가능하다는 말씀에 제게도 희망이 보였고 독서하고 싶은 맘이 생기고 제목만큼 제 삶에 기적이 일어나게 되었습니다.

사실 시폭, 시근육, 한줄 이상 읽는 훈련은 꾸준히 못했음을 고백합니다. 하지만 교수님의 긍정 확언과 명상 훈련, 심호흡, 이미지트레이닝 등 뇌와 관련된 강의 내용은 제 삶에 신선한 자극을 주셨습니다. 살아가는 데 독서가 얼마나 중요한지 다시 한 번 깨닫게 되고 이번 계기로 무지해서 힘들게 살아왔던 길을 이젠 독서로 지혜를 얻고 통찰력을 길러서 풍요로운 삶을 사는 독서가가 되고 싶은 소망도 생겼습니다.

다독하면서 정독도 가능한 그날을 위해 항상 책과 함께 하겠습니다. 늘 모든 것에 감사하며 교수님의 강의 내용을 명심하면서 살겠습니다.

감사합니다 ~

사랑합니다 ~

축복합니다 ~

● 황미성

미라클독서법을 처음 접해보고 교육방향을 들으며 설레고 행복했던 기억이 떠오릅니다. 한줄 두줄 세줄 이상 찍게 되고 매일 한 권씩 읽게 되는 일들이 곧 올 것 같은 그 두근두근 기대감.

매 시간마다 호흡법, 안구 스트레칭, 시폭, 시근육 강화하며 훈련해 가는 게 처음에는 낯설고 잘 되는 게 맞나 불안하기도 하고 했는데 열정적으로 강의하시고 하나라도 더 좋은 것들을 알려주시고자 하는 강사님의 말씀들을 들으며 독서 훈련뿐만 아니라 삶에도 큰 도전을 많이 받게 됐어요~~

귀한 시간들 너무 감사하고 귀한 강의 고맙습니다

● 정연화

신선한 충격……. 바로 미라클독서법으로 이남희 강사님과의 만남 그리고 강사님의 열정입니다.

아이들에게도 좋은 가르침이 될 듯해서 미라클독서법을 신청하게 되었는데 그 이상의 배움이 나를 찾게 해주었습니다. 훈련을 통해 독서법의 기적을 느끼며 꿈을 갖게 되어 감사의 인사를 드리며 마음으로 전해지는 강사님의 열정과 배려에 더 큰 박수를 보냅니다. 감사합니다, 사랑합니다, 강사님을 위해 기도하겠습니다.

우리 가족이 하루를 마무리하며 기도 후 서로에게 해주는 말…… 나는 날마다 모든 면에서 점점 더 좋아지고 있다…… 나는 내가 너무 너무 좋다…… 하루도 행복하게 잘 보냈다……. 감사하다. ㅎㅎ

● 배상희

안녕하세요, 선생님. ^^

날씨가 이제는 여름 같네요.

부끄럽지만 사실 독서를 즐겨 하지도 좋아하지도 않던 1인입니다.

그럼에도 제 자신의 변화를 위해서와 자녀의 독서지도에 도움이 되고자 강의를 신청하였어요.

1주, 2주는 수업 후 눈도 뻐근하고 두통까지 조금 힘들었습니다.

3주차가 되니까 오히려 머리도 맑아지고 시폭이나 시야의 선명함이 달라짐이 느껴져서 신기하더라고요.

어느덧 마지막 수업이 다가오니 성취감도 들지만 아쉬운 마음이 크네요. 친절하시고 세심하게 지도해주신 선생님의 말씀을 잘 새겨두어, 강의가 끝난 후에도 지속적으로 노력하겠습니다. 미라클독서법에 대한 선생님의 열정은 절대 잊지 못할 것 같습니다.

감사합니다~♡

● **김영란**

내동초에서 매주 강의를 들었다. 넘쳐나는 책들을 더 많이 섭렵하고 싶었다.

글자에서 반줄, 한줄, 두줄, 찰칵 찰칵 사진처럼 책이 눈에 담겨진다. 시근육과 시폭 훈련의 결과라고 생각한다.

혹자는 그러겠지. 말도 안돼. 두세줄이 한번에 들어온다고? 에이 뻥. 해보면 보이고 들어보면 들린다.^^ 물론 열심히…….

이렇게 비유하면 어떨까. 한 모임에 뉴페이스가 나타난다.

채 1분도 안 되는 짧은 등장에도 사람들은 저마다 정보를 알아낸다. 누군가는 키 큰 여자, 누군가는 키 크고 파마한 여자, 다른 누군가는 키가 크고 파마를 했고 버버리를 걸치고 입생로랑 한정판 백을 들고 마놀로 블라닉 구두를 신었다는 것을 알아낸다. 시폭과 시근육의 차이다. ㅋㅋㅋ (이 훈련들이 이렇게도 쓰일 줄이야.^^)

무슨 초능력처럼 모든 글자 글자가 다 쑥쑥 박히는 느낌이 아니라 내가 가진 배경지식에 걸맞게 적절히 내용이 슥슥 스치우는 느낌이다. 내용 파악에 크게 무리는 없다. 오히려 더 나아가 슥슥 스치는 단어와 문장 몇 개로 그 짧은 순간에 내 느낌대로 내용을 짐작하게 하는 사특한(?) 수준까지 노려볼 수도 있다. 종국에는 목차를 보고도 내가 원하는 책인지 아닌지 느낌으로 알 수 있다.

아주 오랜 시간 많은 독서를 통해 얻을 수 있지만 미라클독서법은 그 아주 오랜 시간을 효과적으로 줄여줄 무기가 된다.

넘쳐나는 책을 모두 몇 시간씩 투자해 볼 수 없는 지금. 미라클독서법이 가성비를 높여줄 수 있을 거라고 생각한다.

내 경우엔 이문구 님의《우리 동네》나《관촌 수필》같은 소설이나 자기계발서를 읽을 때 아주 유용하게 미라클독서법이 적용됐다. 반대로《안나 카레리나》같은 러시아문학은 눈에 들어오는 속도가 느려졌다. 러시아 이름이 아주 길어서 눈에 툭툭 들어오는 것이 조금 힘들었기 때문이다. 물론 어려서부터 책을 좋아한 영향도 있어서 비교적 쉽게 훈련이 된 것도 같다. 중요한 것은 1시간에 1권 읽던 사람이 2, 3권 읽게 되니 이것처럼 가성비 좋은 교육도 없는 것 같다.

몇 번 남지 않은 강의가 끝나면 많이 아쉬울 것 같다.

어린 자녀 키우는 우리 엄마들에게 크게 와닿은 교수님의 말 한마디를 끝으로 나의 긴 잡설을 변명하고자 한다.

"내가 하는 일의 열매는 다른 사람의 나무에서 열린다."

● **정재희**

나의 인생 50을 바라보면서 안구운동도 해본 적이 없던 사람이 안구운동과 시근육, 시폭강화운동을 하면서 시력이 좋아진 걸 실감하고 있답니다. 예전엔 눈도 침침하고 뿌옇는데 요즘은 먼거리도 투명하게 잘 보인답니다.

미라클독서법을 일찍 만났더라면 우리 아이 국어성적을 올리는데 큰 몫을 더 했을 거라고 생각되어요.

8주 동안 넘 고마웠고 감사드려요~ 집에서 매일매일 반복을 했더라면 큰 효과를 봤을 텐데 제 자신이 후회가 되네요~ 이남희 쌤을 만날 수 있었던 건 큰 행운인 것 같습니다~

● **양해균(둔산 캠퍼스)**

미라클 공부가 참 재미있어요. 요즘 시대처럼 바쁜 일정에 대학원 공부하면서 시간이 많이 부족해서 고민을 하던 차에 교수님을 만나서 얼마나 감사하게 생각하는지 몰라요.

짧은 시간에 많은 전공 서적들을 보고 싶어 미라클 공부를 시작했는데 정말 도움이 많이 되고 있어요.

제가 시간이 없어서 독서법 훈련을 조금 소홀히 했지만 정말 짧은 시간에 책 한 권을 읽게 되어서 정말 감사드려요. 앞으로도 더 노력해서 한 시간에 책 한 권 읽기에 도전합니다.

좋은 책을 지인들과 함께할 수 있도록 하겠습니다. 교수님 멋진 사명감으로 늘 파이팅 하세요~~^.^~~

● **김민성**

제가 주경야독 하느라 늘 시간이 부족했는데 미라클독서법을 배우면서 독서량도 늘고 우뇌의 활용으로 기적이 일어났어요. 3개월 만에 서점에서 두꺼운 책을 한 시간 반만에 한권을 읽었습니다..^^* 제 나이 50 에 기적입니다.(충북 보은에서)

● **문은희**

한 자 한 자씩 책을 읽다 보면 집중력이 떨어져서
한 권의 책을 읽기가 너무 오래 걸렸는데
'미라클독서법'을 배우고 난 후
세줄 이상씩 통째로 찍으면서
독서는 핵심 습관이 되었고 저의 삶이 향상되었습니다.

● **황도경**

통으로 찍으며 독서를 하다 보면 마음 창고가 꽉꽉 채워지는 듯한 느낌이 들어요. 미라클독서법을 접하고 나서 두뇌의 엄청난 힘을 알게 되었어요. 독서를 통해 기적을 만나게 해주신 이남희 교수님께 정말정말 감사드려요.

앞으로도 계속 더 많은 분들께 미라클의 힘을 전하시고 나눠 주시기 바랄게요~

● **김도형**

시력도 향상되고 독서가 너무 즐거워졌어요. 술 마시고 춤추는 즐거움 이외에 독서를 하는 진정한 기쁨과 삶의 의미, 무엇보다 시간의 소중함을 일깨워줬어요.

이남희 교수님 정말 정말 고맙습니다!^^

● **유니내야**

미라클독서법을 배우면서 내 삶이 많이 변화하고 있어요!

책 읽는 재미가 생겼고 집중력이 좋아져서 근무능력도 향상되고 시간적인 여유가 많이 생겼답니다~~~^^

무엇보다 내 자신이 매일매일 성장해가고 있음을 알 수 있는 것 같아요~~~더 놀라운 세계가 펼쳐질 기대감으로 열심히 배우고 훈련 중이랍니다. 교수님 감사합니다!

● **다둥이마미**

학교에서 하는 부모교육을 통해 알게 되었어요~^^

처음 강의 소개 들을 때부터 앞으로의 시간들이 너무 기대되고

좋았어요~

오늘로 6주차 수업을 들었는데….

그 기대에 조금씩 나아가고 있는 시간들이라 참 감사하고

행복한 배움을 하고 있어요^^

열정 있는 강의, 귀한 나눔 감사합니다^^

● **최향미**

살아가면서 독서가 얼마나 중요한지 다시 한 번 더 생각하게 되고 미라클독서법으로 인해서 정말 놀라운 경험을 하고 있습니다~

한자씩 한자씩 책을 읽어야 하는 줄만 알았는데, 한 줄씩 읽어도 내

용이 파악되니 너무 신기합니다. 교수님 감사합니다!

● **김영길**

평소 독서를 많이 해야겠다는 생각을 하고 마음은 먹었지만, 여러 가지 이유로 실천을 미루곤 했었다. 미라클독서법을 배운 후 책과 자연스럽게 가까워지고 기분 좋은 성장을 맛보게 되었다. 매월 독서 목표를 세우고 독서시간을 정해서 실천하는 계획된 삶으로 변화하는 큰 계기가 되었다. 이제는 독서가 나의 핵심습관이 되었다.

● **김시우**

제 삶에 있어 미라클독서법이 간절한 꿈을 이루는 필수 도구라 확신합니다. 세줄씩 통으로 보는 매일의 독서를 통해 세상 보는 눈까지 넓어지고, 독립적인 사고와 독립적인 삶을 사는 것이 가능해졌습니다. 나아가 '성실, 소통, 나눔'의 저의 비전을 이루는 부싯돌입니다. 감사합니다!

● **이상희**

교수님의 교육에 대한 애정과 열의는 배경지식 부족으로 조금 더딘 저에게 충분한 동기부여가 되었어요. 그 마음에 에너지를 받아서 두 달 만에 두세 줄을 찍어 읽으며 좀 더 많은 책을 만날 수 있어 감사했습니다.

나의 발전에 그 자체로 더 감격해서 축하해 주시는 교수님 모습에서 느낀 진실성을 저는 오래도록 잊을 수가 없을 것 같습니다.

● 황다검

평소에 담임을 맡은 학급 학생들에게 독서를 강조하면서 정작 교사인 나는 책을 읽을 시간을 내기가 쉽지 않았다. 여름방학이 되어 책을 조금 더 가까이하고 싶어 블로그를 통해 독서 모임에 참가했다가 이남희 교수님과 교수님께서 지도하시는 미라클독서법을 알게 되었다. 독서를 통한 삶의 변화과정을 맛깔나게 강의하시는 교수님 덕분에 미라클독서법에 더 매력을 느낄 수 있었다. 아직은 미라클독서법 배움의 걸음마 단계이지만 앞으로 미라클독서법을 통한 나의 인생의 변화와 성장을 기대하고 있다.

● 장윤일

평소 한문장 한문장 정성스럽게 정독하며 독서하는 내 모습….

책 한 권을 읽으려면 속도가 너무 느려 정말 많은 인내가 필요했다.

아직 미라클 훈련 중이지만 최근에 한 줄이나 두세 줄이 한번에 읽히게 되면서, 미라클독서법의 엄청난 영향력을 느끼고 많은 지인들께 추천하고 싶다!

에필로그

독서는 미라클이다. 오늘만 10페이지!

우리가 무엇인가를 하고 싶어 한다는 것은 우리에게 그 일을 할 능력이 있다는 뜻이다.

—리처드 바크, 《하버드 스타일》 중에서

어느 순간 무엇인가 하고 싶다는 마음이 들 때가 있다. 그러한 욕구는 그 일을 해낼 숨은 에너지까지 품고 있다는 뜻이다. 목이 마르다는 욕구가 있어야 손을 뻗어 물컵을 가져다 마시듯, 항상 욕구가 가장 먼저다. 그리고 나서 그 일을 추진할 실행에너지와, 나아가 가시화된 성과로까지 이어지는 것이다.

데이비드 호킨스의 《현대인의 의식지도》에 의하면 육체적 성장에 비해 '영적 성장'은 멈춤이 없다. 영적 진화는 의식 수준과 상관이 있다. 계속 자라고 진화해 어느 순간 어떤 사람의 의식은 하늘에 가 닿는다. 낮은 의식 수준을 바라보면 자신의 의식 수준도 낮아지지만, 높은 의식 수준을 바라보며 살면 동시에 영적 성장, 영적 진화의 경이로운 경험을 하게 된다. 그러므로 높은 의식 수준을 바라보고 스스로의 의식 수준을 높이며 선한 영향력을 세상에 퍼트려 나가자. 독서지식을 꾸준히 섭취하다 보면, 어느 날 자신의 의식이 비약적으로 성장하고 뇌신경들의 연결과 삶에서의 엄청난 통찰력을 경험하게 된다. 그러한 작은 흔적들이 축적되면 언젠가는 기적도 가시화 될 수 있음을…….

1,250도.

훌륭한 도자기가 아닌 평범한 질그릇을 만들 때에는 가마가 필요 없다. 왜냐하면 500도에서 800도 정도의 온도면 충분하기 때문이다. 그러나 최상품의 그릇을 만들려면 반드시 가마가 있어야 한다. 1,000도 이상의 온도가 필요하기 때문이다. 1,250도의 온도에서 그릇이 구워질 때에는 800도에서 구워질 때와 다른 놀라운 현상이 나타난다. 흙의 밀도가 비약적으로 높아진다는 점이다. 흙의 밀도가 높아짐으로써 흙 속에 숨겨져 있던 유기질이 녹아서 밖으로 흘러나오는 것이다. 덕분에 내구성이 뛰어난 것은 물론 금속과 같은 맑은 음을 내는 고급 도자기가 되는 것이다.

매일 한 시간 이상 위대한 독서습관을 통해 과거와 현재의 거인들을 만나고 그들의 가르침을 받는다면, 나의 삶은 어떻게 될 것인가? 지금 당신이 삶에서 필요한 것은 20% 뿐이다. 습관적으로 쌓아둔 나머지 80%는 당신의 성장을 발목 잡는 것들이다. 그 80%를 과감하게 버리고 다시 시작하라. 책은 비단 그 내용을 꼭 어디에 써먹기 위해서가 아니라, 생각을 유연하게 만들어, 결국 사람다운 사람으로 만드는 길이라는 것을 나의 위대한 멘토 다산이 그랬던 것처럼…….

오늘만 10페이지!

나는 천천히 걸어가는 사람이다.

그러나, 뒤로 가지는 않습니다.

—링컨

나는 세상에서 최고의 전략을 알고 있다. 바로 '꾸준함'이다. 두 글자로는 '성실'이다. 그 땀방울을 이길 전략은 이 세상 어디에도 없다. 3년 1,000권 프로젝트에 도전하고 '오늘만 한 권'을 실행하면서, 나는 오늘 하루만 생각했다. 처음부터 3년을 생각했다면 너무 부담이 되어 시도조차 못했거나, 며칠 못하고 포기했을지도 모른다. '오늘만 한 권' 전략은, 날마다 지치지 않고 목표를 향해 나아가는 몰입독서를 가능하게 만들었다. '오늘만 한 권'을 실행하기 위해 선택적 집중을 해야만 했고, 불필요한 것들을 하나 둘씩 덜어내다 보니 결국 '원씽'으로 '독서'만 남았다.

"오랫동안 꿈을 그리는 사람은 마침내 그 꿈을 닮아간다."

—앙드레 말로

나는 이 책을 쓰면서 여러분이 마지막 장을 덮을 때, 독서를 하기로 결심하는 아름다운 장면을 시각화하곤 한다. 이 책이 여러분의 심장 온도를 1도 더 끓어오르게 하여 실행력을 높이기를 진심으로 바란다. 우리는 이미 필요한 것에 엄청난 에너지를 집중할 능력이 있으므로, 원하는 일은 반드시 이룰 수 있다. 독서로 내 인생의 판이 완전히 바뀌었듯이, 여러분의 인생도 통째로 바뀌기를 간절히 기도한다! 독서는 미라클이다. 처음 시작은, 오늘만 10페이지!